はじめに

「自分なんて…」

そう言って夢や目標を諦めてしまう人をこれまで何人も見てきました。

フットサル選手として活動していた現役時代の私も、夢を諦めかけそうになった一人です。

「諦めなければ道は開ける」

そんな言葉をかけられた過去が懐かしく感じ、そんな言葉に何度も救われました。

当時の私は、自信が持てなくて、試合前に寝れない日々を20歳から6年間も過ごしていました。活躍したいという気持ちが強くなればなるほど試合が怖くなり、朝まで睡眠が取れなくなっていたのです。

「どうすれば自信を持てるのか?」

そんなときに出会ったのが、メンタルトレーナーという存在でした。

食事管理、筋トレ、技術トレーニング、戦術の勉強、様々なことに取り組んできても自信を持てず、試合で自分の実力が発揮できなかった私に、光を見せてくれたのがメンタルトレーニングです。

「メンタルを強くする方法がある」

それを知り、学びはじめてからは心と体がつながり、自信がついて、実力を発揮できるようになっていきました。

限界だと諦めかけていた自分を、一歩先の世界まで連れていってくれたのは紛れもなくメンタルトレーニングでした。

「もっと早く勉強していたら、どんな人生になったんだろう?」

少年時代から自信を持てなかった私は、今でもそんな考えが頭をよぎります。

私は2018年にメンタルトレーナーとして独立。個人で活動を開始。その後2020年2月にアスリートやビジネスマン、子どもたちのメンタルサポートをする会社「株式会社43Lab」を設立しました。

こうして子どもたちのサポートに力を入れたいと思ったのは、「自己肯定感」を身につける方法を知れば、これから先どんな壁にぶつかっても、乗り越えていけるというメンタルを構築できると感じたからです。

「夢を持ってもすぐに諦めてしまう子」

「自分なんてと自分を否定する子」

多くの子どもたちが自信を持てていないと感じています。

内閣府のデータでも提示されている「自己肯定感の低さ」。

私はこの問題をメンタルトレーニングで解決できると感じ、「パンケーキプロジェクト®」という名の、子どもたちをサポートする活動をスタートしました。

本書ではこれまでサポートしてきた事例を通じて、子どもの自己肯定感を高めるための声がけ方法をお伝えしています。

私たち大人の「頑張れ」という思いを、的確なアドバイスに変えて、自己肯定感をプレゼントしてあげてほしいと思います。

スポーツの本番に強くなる! 子どもメントレ 目次

第1章 メンタルトレーニングとは?

第2章 自信は自分で作れる

第3章 モチベーションは育てるもの

第4章 感情とうまくつき合う

第5章　試合で力を発揮する準備

第6章　振り返りで自信を作る

第1章

メンタルトレーニングとは？

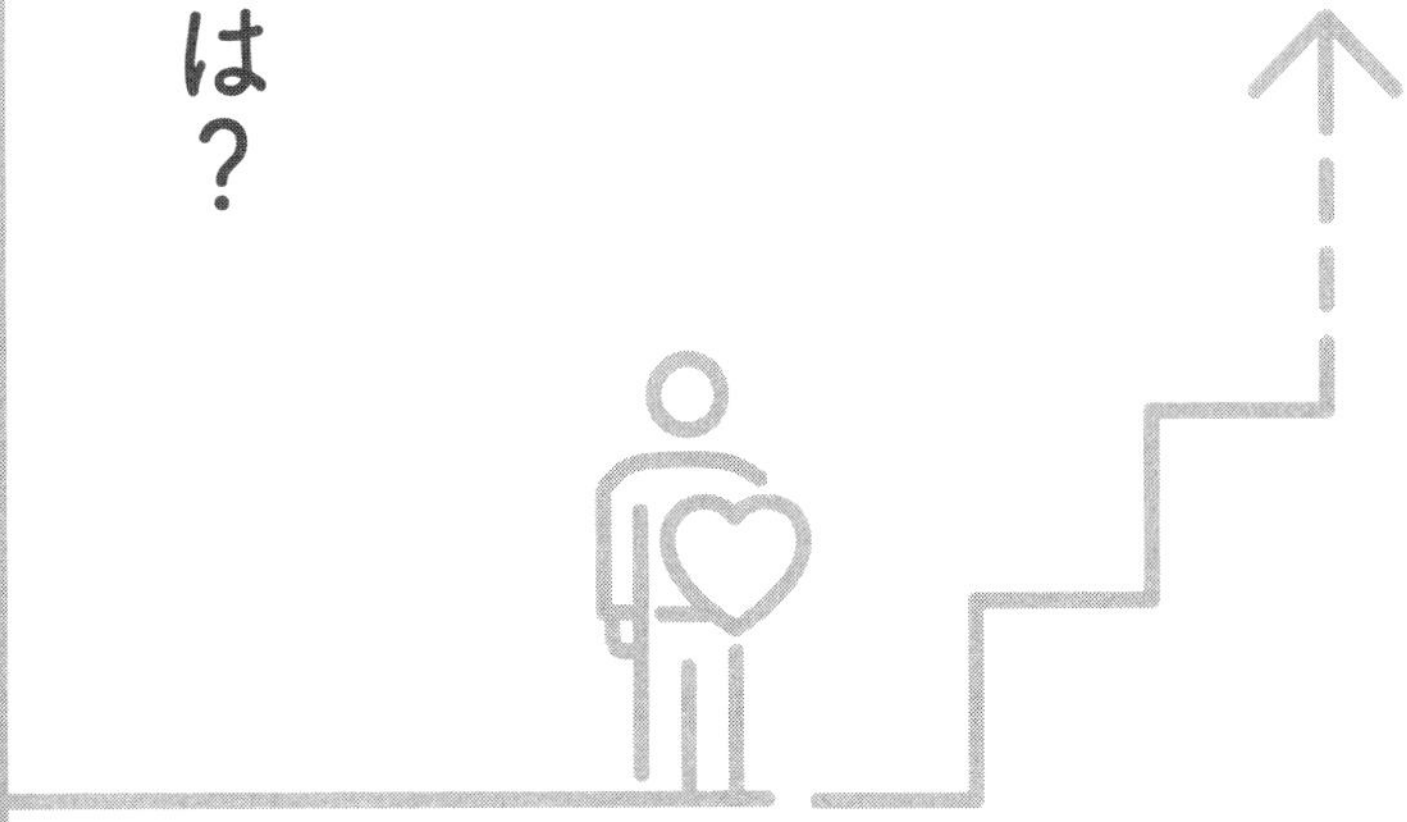

メンタルトレーニングの狙いは、レベルアップとベストエフォート

私が行っているメンタルトレーニングについて説明していきましょう。

スポーツ界でも「心技体」という言葉がよく使われますが、その心の部分を強化することが「メンタルトレーニング」です。

落ち込んだ選手を励ますことがメンタルトレーナーの役割と認識している人も多いかもしれませんが、私が行っているサポートは全く異なるもの。

私の仕事は選手の目標達成のためにレベルアップとベストエフォートをサポートすることです。

一つ目のレベルアップとは、日々の練習で自分の実力を上げていくためのサポート

です。
・モチベーションを育てること
・集中力を高めること
・技術力の自信を構築すること
そのためのトレーニングを行っていきます。

選手がブレーキを踏むことなく、スムーズにレベルアップしていくためのサポートをしています。

（本書でいう、第2章と第3章です）


二つ目にベストエフォートです。

あまり聞きなれない言葉かもしれませんが「ベストエフォート」とは、選手の持っている能力の最大値を引き出し、試合で実力を発揮する能力です。

最大限の力を発揮しやすくするために、
・試合の自信を構築すること
・感情を上手に扱うこと
・状況に対し臨機応変に対応する能力

これらを高めるトレーニングをしていきます。

どんなプレッシャーの中でも、どんな環境にいても100パーセント自分の持っている力を発揮できるようになるサポートです。

（本書でいう、第4章と第5章、第6章です）


トレーニングとはいえ、厳しい練習をしたり、トレーナーの価値観を押しつけたりするようなものではありません。

子どもが気づかないうちに踏んでいる心のブレーキを見つけ、そのブレーキを解除することを大切にしています。

難しく考えすぎる必要はなく、子どもに合った気持ちのコントロール方法を探していくことが、メンタルトレーニングだと認識してもらいたいです。

メンタルを上手に扱うことで、パフォーマンスが高まり、結果が出る可能性も高めることができます。

子どもたちが目の前の課題をクリアしていく。そんな成功体験の積み重ねで「自己肯定感」を高められると考えています。

レベルアップ

～個人能力を伸ばす～

質の高いトレーニングを継続できるようにサポートを行います。
問題点の根本的な原因を見つけ、改善策を日々のトレーニングに落とし込みます。

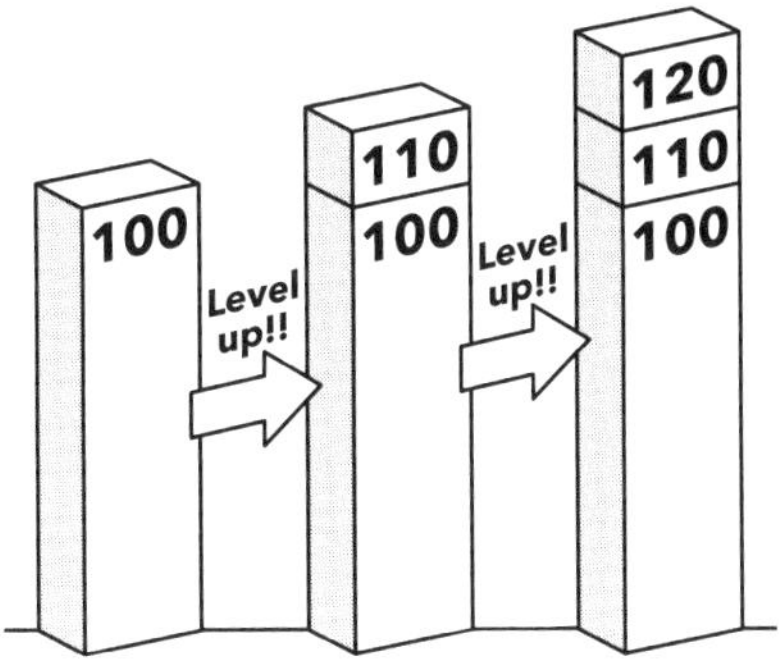

ベストエフォート

～持っている能力を発揮する～

能力を本番で100%発揮するためのサポートを行います。
事前にメンタルコンディションを整えて、本番に備えます。

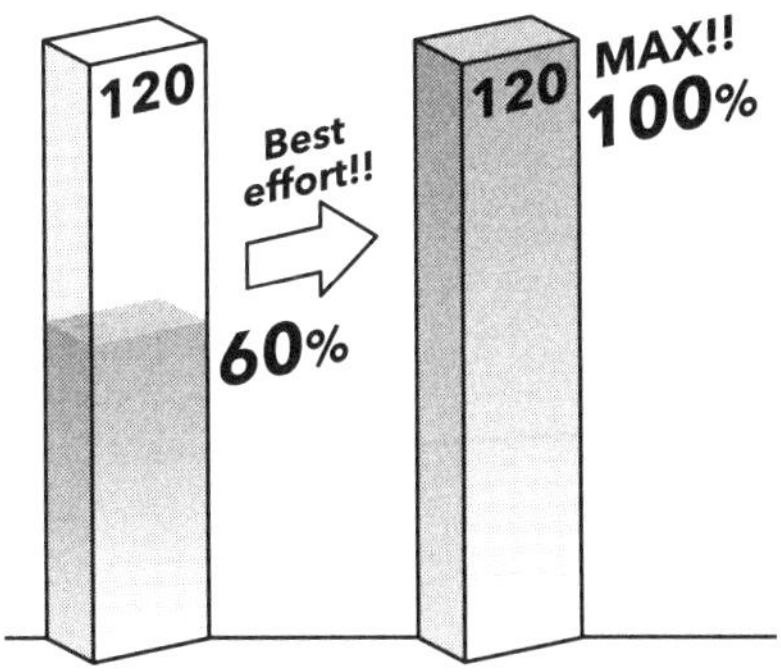

知識が身につくだけではなく、結果へとアプローチする

私がメンタルサポートをする上で最も大切にしていることは、サポートした選手が結果を出し、目標を達成することです。

知識が身につくだけのサポートではなく、実際に行動を変えて、習慣化するまでをサポートしています。

私が現役の頃はメンタルトレーニングに対し、

「知識が身につくだけ」

というイメージを強く持っていました。

「本当にプレーに役立つのか？」

という、疑問を抱えていたため、メンタルトレーニングを取り入れることに抵抗が

ありました。そういった抵抗感を持った選手は、今も多くいるかと思います。

私のサポートは、

①問題の根本を明確化、具体化
②行動や習慣を変える
③パフォーマンス向上
④結果へとつなげる

というプロセスを大切にしています。

知識が身につくだけではなく、何が根本の問題で、何をどう変化させれば結果につながっていくのか？　選手がぶつかっている問題点を、スピーディーに解決するための取り組みをサポートをします。

メンタルトレーナーとして、メンタル面の向上に責任を持ち、選手が求める結果を私自身も追い求めていくことを大切にしています。

感情に共感することがメンタルトレーニングのスタート

人間の心理は、生まれ持った性格だけではなく、育ってきた環境や文化によっても大きな違いが出ます。

日本の環境や文化、教育方法と、海外での環境や文化の違いから、考え方や感じ方に違いが生まれるのはイメージしやすいと思います。

私たち大人が子どもたちのサポートをするときはこの視点を忘れてはいけません。

日本国内であっても、北海道出身の人と沖縄県出身の人では、気温0度が「すごく寒い」と感じる人もいれば、「そんなに寒くない」と感じる人もいます。それは、**これまで育ってきた環境や経験によって感覚が作られる**からです。

「自分の持っている感覚が、サポートする人にそのまま当てはまるとは言い切れません」

「自分がこう感じているから、この子も同じように感じているだろう」

このようにその感覚がもしすれ違っていたら、子どもたちの中で起こっていることが理解できず、適切な声がけができていないことが起こるのです。

これは私がメンタルトレーナーになって初めにぶつかった壁でした。

今でも大きな教訓になっていますが、メンタルトレーナーとしてお客様の前に立てるようになった1年目。

担当させていただいた女性のお客様は、

「あなたは何もわかっていない。あなたとは話したくない」

と、私に呆れ果てて、トレーニングの途中で帰宅しました。

当時の私は、問題を解決させることばかりに目が向き、

「人の立場になって考える」

「人の気持ちに共感する」

という、重要なことを突き詰めて考えられなかったのです。

私が行うメンタルトレーニングは「**自分の感覚を捨て、選手の気持ちをどれだけ正**

確に感じることができるか」という概念が、ベースにあります。

子どものサポートでも同じことを意識しています。

よく言われる「しつけ」とは別物と考えてもらったほうがしっくりとくるかもしれません。

子どもたちの可能性を最大限に伸ばすために、人それぞれ違うパーソナリティの中で、どんなサポートがベストなのかを考える。そんな視点を持ってもらうことがメンタルのサポートには必要だと感じています。

結果を出すことが目的

結果主義のスポーツ界では学ぶことを目的としたサポートは全く意味がありません。
学び、行動、習慣化、パフォーマンスアップ、この過程を経て結果へとつなげる。
結果を出すことを最優先に考え、私たちも責任を結果に置きます。

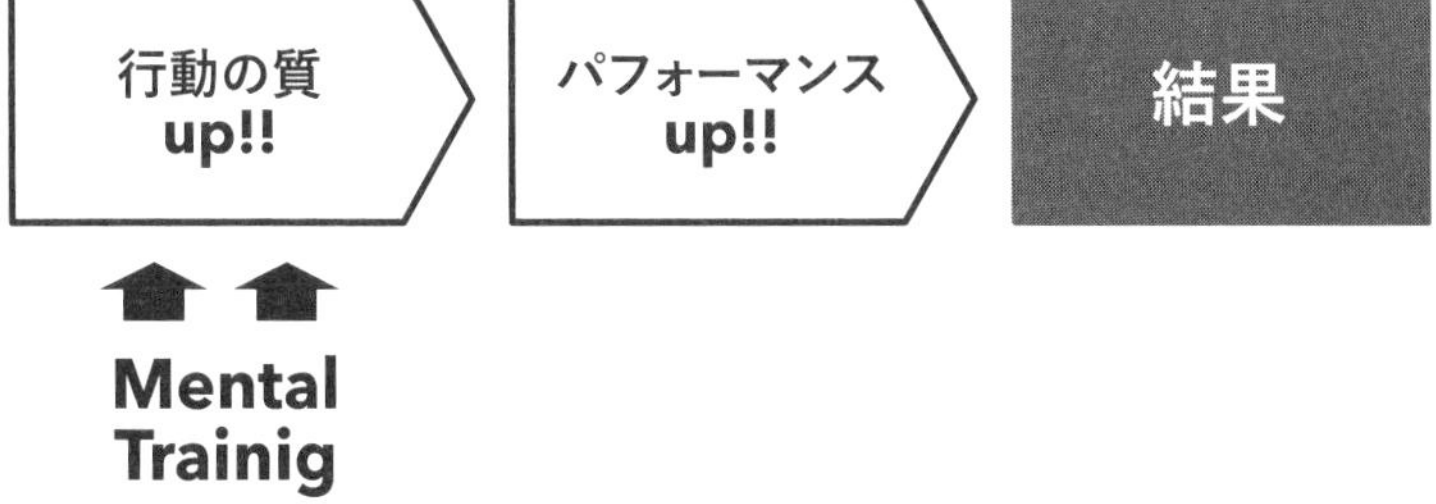

選手一人ひとりに合わせて、独自の成功哲学をデザインする

メンタルトレーナーには、２パターンのトレーナーがいると感じています。

一つ目は、トレーナーがメソッドを持っていて、そのメソッドを選手が遂行していくサポート。

もう一つは、**今選手に起きていることを正確に理解し、選手それぞれに合わせたメソッドを作っていく**サポートです。

私のサポート方法は後者です。

私が現役のプレーヤーだった頃、メンタルトレーニングを受けることで、

「自分の考え方を曲げられるのではないか？」

という不安を持っていました。

しかし、私が現役のときにサポートしていただいたトレーナーさんは、自分の頭の中を整理する力を育ててくれました。

そのおかげで自分に合った哲学を構築することができ、自信を持ってプレーできるようになりました。

私はこのサポートがスポーツ選手だけでなく、子どもやビジネスシーンなど、すべての人に対して最善なのではないかと考えました。

「独自の成功哲学をデザインする」

それが私のサポートの軸となっています。

そのためには人の脳の仕組みや、作りはもちろん、時代によって変わってくる心理を勉強し続ける必要があります。

どんなケースにも対応できるよう、準備し続けることを大切にしています。

独自の成功哲学をデザイン

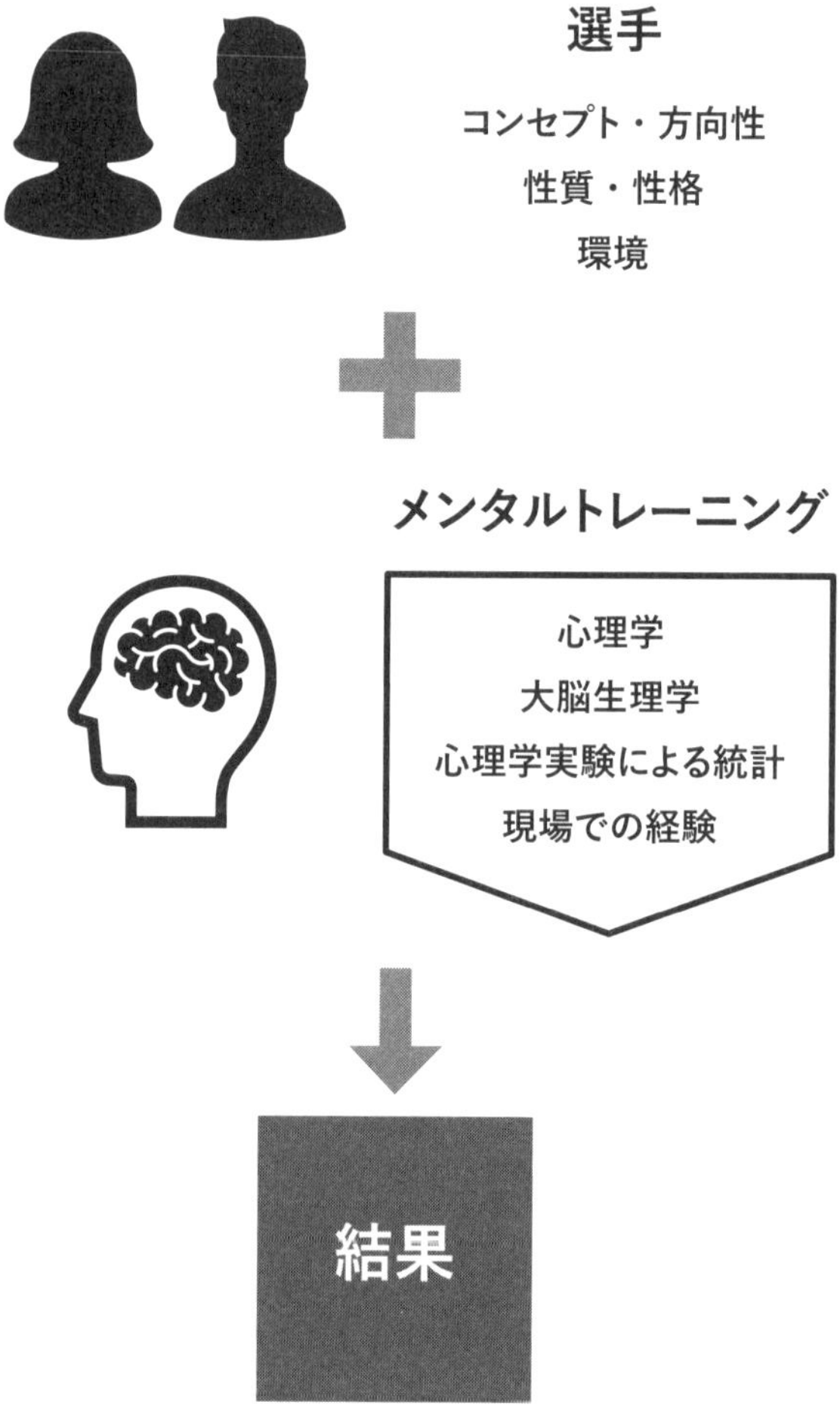

「できた」という成功体験を作り子どもたちの自己肯定感を育てる

私はこれまで1万人以上の子どもたちと関わらせてもらいましたが、「自分には向いていない」そう言って自分を諦めてしまう子が多いと感じています。

子どもたちの自己肯定感を育てる手伝いがしたいと思ったのは内閣府が発表している「子ども・若者白書」に目を通したときからです。

「自分に満足しているか?」

この問いに対して、そう思うと回答した人が「45・1パーセント」という結果を見たときに、自分にも子どもたちに貢献できることがあるのではないかと感じました。

私は、2019年から「パンケーキプロジェクト®」という子どもたちの夢と自己肯定感を育てる活動をしています。子どもたちに自己肯定感を育てていく知識を伝え、保護者や指導者の方にもメンタルトレーニングを導入してもらい、皆さんで子どもたちの自己肯定感を育てていけるようにでサポートさせていただいています。

主体性を持った子どもを育成し、自分で壁を乗り越えられる力をつけてもらう。

スポーツや勉強だけではなく、社会に出てからも「自分ならできる」というメンタリティを育てることを念頭に置きサポートをしています。

自分の答えを自分で出し、解決するための行動を起こすことができる。無謀と言われると思いますが、私は先程の「45・1パーセントの数値を80パーセントまで上げたい」と、そう考えています。


次の章からは、これまで私が勉強し、実際にスポーツの現場で結果が出た事例をお伝えしていきます。

子どもが似た状況に陥ったときに、サポートの参考にしてもらえればと考えております。

第2章

自信は自分で作れる

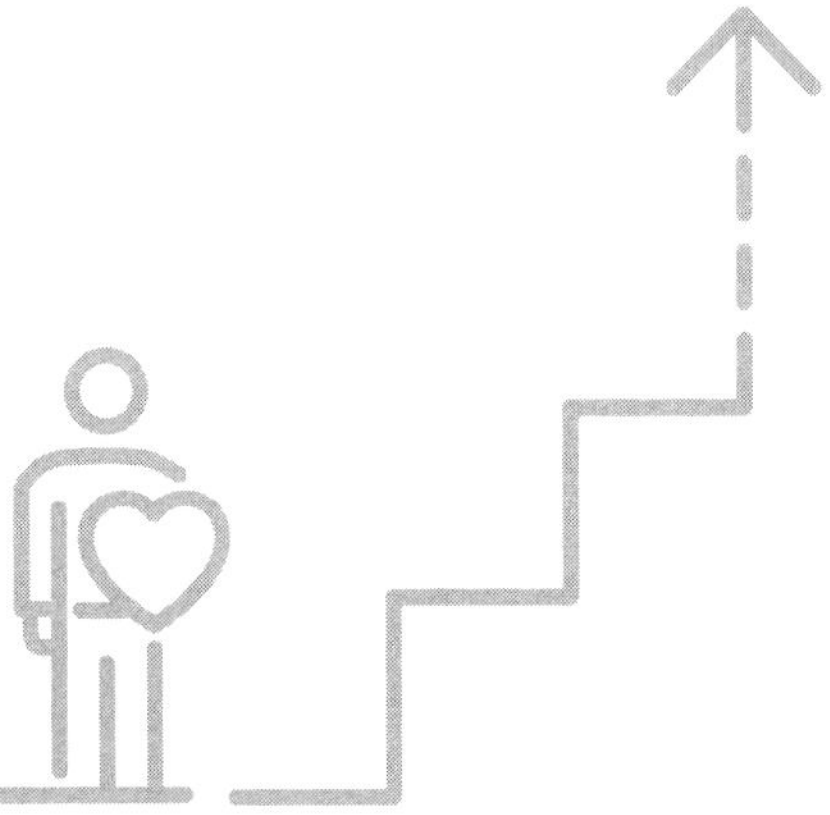

苦手なことからすぐ逃げてしまうとき

「自分との約束」を決め嫌なことから逃げない自分へ！

「子どもが苦手なことからすぐ逃げてしまう」

そんな悩みを抱えている方は多いと聞きます。その根本には、「自分でやりたいと選択したのではなく、他人（親）が選択したことをやっている」という前提があるのではないかと感じています。

親や指導者から言われることや与えられたことは、都合が悪くなると、すぐに他人のせいにしやすいものです。

それは、「自分が選択したことではない」という前提が逃げ道になってしまっているためです。

私がサポートしたハルカさんは、卓球をしている小学6年生です。小学3年生の頃から姉が通う卓球教室に一緒に行き始めました。姉の背中を追いかけて頑張っていましたが、なかなか上達できず、次第に練習を休みがちになっていきました。

ハルカさんは諦め癖がつき、「帰りたい」とすぐ逃げてしまうのです。

理由を聞くと、最初から好きで始めたわけではないし、特に目標もない。話を聞けば聞くほど「なぜ卓球をしているのだろう?」と、こちらが疑問に思うくらいでした。

お母さんは卓球を好きになってほしいと考えていたようですが、すぐに好きになるのは難しいものです。

ハルカさんには、卓球を使って成功体験を積んでもらい、自信を育てることの楽しさを実感してもらおうと考えました。

まず取り組んでもらったのは、自分で決めたことをやり抜くという経験でした。

ハルカさんにはこれだけはやるという「自分との約束」を決めてもらいました。

ハルカさんが決めた約束は、

「うまくいかなくても練習は休まない」

ということでした。

「好きになる必要はない。練習に行き続けると言う、自分で決めた約束は守ろう」

と、約束を交わしました。

彼女と再会した半年後、中学生になっていました。彼女は卓球部へ入ったとのことでした。

ハルカさんは、

「自分との約束を守っているうちに、嫌なことに耐えられるようになった」

と、話してくれました。**自分で決めたことを逃げずにやり続ける経験を積み、自己肯定感が育まれていったのです。**

この自分との約束を「インサイドルール」と私は呼んでいます。

これまでサポートした選手の中には、

「試合前に必ず部屋の掃除をする」

「毎朝5時に起きる」

といった、プライベートな内容のインサイドルールを設定していた例もあります。

インサイドルールは「壁を越えることができる」という人間力を育てる力があります。

「めんどくさい」「嫌だな」と感じるような内容をオススメします。

競技面でも、生活面でも構いません。

インサイドルールをきっかけにして、逃げそうなことに対しても、クリアしていけるメンタリティを作っていきましょう。
この対策は将来壁にぶつかったとき、逃げずに立ち向かっていける自信を構築するものだと考えています。

下のノートのように、自分の感情、思考などを文字にして書き出すことで、心を整理することができます。この後にも何度か出てくる事例ノートのように、ぜひ実際にノートに書き出して見て、自己肯定感を育んでいきましょう。

ノートの記入例

2020年11月11日

課題　自分との約束ノート

	現状
11月11日(水)	苦手なことからすぐ逃げてしまう

日付	インサイドルール	ふり返り
11月11日(水)	うまくいかなくても練習は休まない	2021年3月25日(木) 自分との約束を守っているうちに、嫌なことに耐えられるようになった。

ネガティブな思考でプレーが消極的になるとき

「良かった」「できた！」プラスの感情を味わうことで自信が育つ

最近よく、指導者や保護者の方からトゲのある言葉を投げかけられるという話を聞きます。

大人自身もイライラして、子どもの悪いところばかりを指摘してしまったり、言葉のチョイスが荒くなってしまったりするがあると思います。一時的なものであれば問題ないと思いますが、常に自分の価値観ばかり押しつけて、子どもの考え方を否定し続けると、後々自信や人との信頼関係にも影響を及ぼすことがあります。

相談に来てくれた中学生のヒロアキくん。彼の口癖が「僕は何をしてもうまくいかない」でした。

小学生の頃、お母さんから怒られてばかりで、何をしても「ダメな子」と言われ続けてきたと話してくれました。お母さんは息子に期待を膨らますあまり、常に厳しい言葉をかけ続けてきたといいます。

バスケットボールをしているヒロアキくんは、次第に自信を失いプレーも消極的になっていきました。また自信の無さから、他人とのコミュニケーションも少なくなり、チームメイトとのミーティングも引っ込み思案で、自分から意見することもなかったようです。

それもそのはず。ヒロアキくんのお母さんは息子にだけではなく、「あの子はここがダメなのよ」と、他の子に対しても厳しい言葉ばかりを発していたからです。

自然と友達の良くないところが目につくようになり、友達に対しても信頼感を持てなくなっていきました。

ヒロアキくんの考え方の癖は、そのとき良いところがあったとしても、よくなかったところばかりに目がいってしまうことです。普段のお母さんとの会話で、修正点の話ばかりするため、良かったところを認めることができなくなっていました。

自信は「良かった」「できた」というプラスの感情を味わうことで育まれていきます。

親から褒められて、評価され、「よしっ！」と思うことも自信を育てる大きな要因となります。

否定的な意見が先行してしまうときは、一度立ち止まって試してもらいたいことがあります。それは、意図的に子どもの考え方を聞く時間を作ることです。

ヒロアキくんのお母さんには、ヒロアキくんの感覚で「できていた」と感じることを言葉で引き出し、共感してほしいと伝えました。

「自分の感覚で良かったものは、認めていいんだ！」

と、自分が良かったという思いを他人にも認めてもらえると、自信につながっていきます。自信が育つと自分の考えも伝えやすくなり、他人の意見も聞き入れられるようになるでしょう。

ヒロアキくんのお母さんには、

「今日はどうだった？」

から、会話をはじめてもらうことをオススメしました。

「出てきた答えに共感してから、アドバイスしてください」

とも伝え、子どもの気持ちを優先して話しをするように、コミュニケーションを変えてもらいました。

近くにいる大人が子どもの考えをリスペクトし、他人もリスペクトする。そんなコミュニケーションの姿勢を見せることが、自信を育て、人と良い関係性を保つことにつながります。

主体性と社交性を持てる子になるためには、周囲の大人とのコミュニケーションが大切なのだと感じています。

目標から自分がかけ離れ、やる気を失いそうなとき

限界を認識することがレベルアップを早くする

私は現役時代、向上心の高い選手でした。しかし、現役時代の大半の時間は自信を失いながらプレーをしていました。

良いプレーをしようと意気込むほど、自分の理想と現実のギャップに悩み、出口が見えないトンネルに迷い込んでいました。このトンネルから抜け出せたのは、「**長期目標」と「短期目標」を明確にして、使い分けるようにした**からです。

当時の私は日本代表並みのプレーをしないと、試合で活躍できないと考えていました。長期的に目指していた「フットサル日本代表」という目標を、毎日意識し続けていたのです。

悩みから抜け出せない私はメンタルトレーニングを行い、自信喪失する原因を明確

にして、日々の取り組みを変化させました。

まず、毎日意識していた「日本代表クラスのプレーをすること」は数年後に求める「長期目標」に。「短期目標」は今クリアできることに変化させました。

練習前に自分と向き合い、頑張ればクリアできる目標をピックアップしてノートに書き出していきました。例えば、「紅白戦でシュートを3本打つ」「攻撃から守備への切り替えを早くする」「最後まで運動量を落とさず走り切る」などです。

自信を感じ始めたのは、決めたことをクリアできているという「小さな達成感」を得たときでした。

それまでの私は、

「日本代表クラスのプレーができないと満足はしてはいけない」

と考えていましたが、現実を見て自分のできたことを認めるようになってからは、自信を育てていくことができました。

私の最大の間違いは、今日の自分に「限界」を作ってはいけないという認識でした。

1年先の目標には限界を作る必要はありません。時間が十分にあるため、成長していける可能性が大いにあるからです。

しかし、今できることには限りがあります。そこを理解して目標を立てるようになってから、小さな自信が積み重なり、レベルアップが早くなっていきました。

例えば、ゴルフのベストスコア120の人が、その日いきなり「今日は80でまわる」と決めても、現実味がありません。メンタルスポーツでもあるゴルフでは、なおさらワンプレーごとに自信を失う可能性すら出てくるでしょう。

子どもたちが完璧な姿へといち早く達成するために、自信の積み重ねを続ける必要があると考えています。向上心が高い選手ほど「まだいける」とその日の自分の実力を見失しないがちです。私たち大人が客観視してあげて、今日の「限界」を意識させてあげることが自信構築のポイントだと思っています。

長期目標は限界を考えずとことん理想へ。短期目標は「限界」を理解し、クリアできることへ。このコントラストが自信構築に必要だと感じています。

ノートの記入例

2010年3月17日

課　題　フットサル日本代表になりたい

	現状
3月17日（水）	良いプレーをしようと意気込むほど、 自分の理想と現実のギャップに悩んでいる

日付	チェレンジ	クリア
3月17日（水）	「短期目標」 紅白戦でシュートを3本打つ	3月27日（土） 今日は積極的にプレーができた シュート5本打てた
3月22日（月）	「短期目標」 攻守の切り替えを早くする	4月4日（日） 今日は調子が良く頭もさえていたので 素早く切り替えができた
4月5日（月）	「短期目標」 最後までさぼらず、走り切る	4月17日（土） 今日は最後まで走り切れた 試合後はヘトヘトになった。 勝ててよかった
3月17日（水）	「長期目標」 フットサル日本代表に入る	月　日

自信が持てず、試合で実力を出せないとき

ライバルを作り勝利ポイントを貯めて大きな自信につなげる

自己肯定感を育むための方法として、一つ提案したいのは、ライバルを作ることです。

私がサポートしている中学3年生のタカアキくん、夢はサッカー選手になることです。でも現状は、自信が持てず、試合で実力を出せていません。次第に仲間とのコミュニケーションも取れなくなっていました。

練習すればするほど自分のイメージする姿とは程遠いことを実感し、自信を失っていくばかりだったのです。

彼は、とうとう一生懸命やることすらばかばかしく感じてしまい、サッカーを本気でできなくなってしまいました。

「ライバルに勝つことを目標にしていた」

友人のプロスポーツ選手が話していた言葉を思い出した私は、彼にもライバル作りを提案しました。

自分の理想という大きな目標だけを意識すると、自信を失ってしまうことは少なくありません。特に向上心が高い性格な人ほど、そんな状況に陥りやすいと感じます。

そんなとき、大きな目標への架け橋になってくれるのが「ライバルの存在」です。

負けたくないと思えるライバルがいると、二人だけの小さな勝ち負けをたくさん味わうことができるからです。

小さな勝利を積み重ねることで「よし!」という感情を味わう機会が増えて、自己肯定感が高まっていき、自信が生まれてくるのです。

常に意識できる存在でいられるように、ライバルは身近(同じチーム)にいる人をオススメします。さらに、自分と境遇やレベルが近いと、なおいいでしょう。

「ライバルを作り勝利ポイントを貯めていこう」

タカアキくんにそう伝えると、1ヶ月もしたら、いきいきとした表情でプレーしていました。ライバルを意識することによって、手の届く位置に目標設定がしやすくなったようです。

「サッカーが楽しくなってきた」

と、タカアキくん。サッカーに対する感情も変化していました。

ライバルを作ると競争心があおられるなどの効果もありますが、一番の効果は勝てるという成功体験を味わえることです。ゲームをやるときに、簡単なレベルからクリアしていく感覚に似ていますね。少しずつクリアを重ねていくうちに、できることが増え、自信を得て、楽しくなっていく感覚です。そうなれば、自然と夢中になっていくでしょう。

スポーツでも同じ心理状態だと思います。身近なライバルを意識することにより、一つひとつのプレーの質も向上します。ライバルより上回り、小さな勝利の積み重ねが、大きな自信へとつながっていくのです。

臨機応変に対応できるメンタルを身につけたいとき

ゴールを意識して創造性ある「クリエイティブ思考」

２０２０年は感染症の影響により試合や練習ができずにストレスを抱えている子どもが多いのではないでしょうか。不足の事態にフレキシブルに対応していく能力は、現代に必要な能力の一つだと認識させられました。何が起きても、臨機応変に対応できるメンタルを身につけたいものです。

自宅でゆっくりする時間が増えた今だからこそ、この機会をプラスに捉え、有意義な時間にしてもらいたいと思います。なかなか家での時間がうまく使えない子に向けて、親子でできるメンタルトレーニングを紹介しましょう。

まず大人が問題の出題者になり、計算問題を考えてください。

20＋6－5＝◯◯

というように3つの数字を使った計算問題を作ってください。3問ほど作って、解いてもらいましょう。あらかじめ決められた数字を計算し、回答を出していくオーソドックスな考え方です。

こちらはフィギアスケートや器械体操、新体操など、決められた動きをミスなく突き詰めていく競技の選手に育ちやすい思考だと感じます。リクエストに答える能力という意味で「アンサー思考」と呼んでいます。

次は、

◯＋◯－◯＝20

のように答えがわかっていて、式の数字を穴埋めしていく問題です。こちらは答えがたくさんあるため、制限時間を設けて、答えが何個作れるかを競いましょう。

こちらはバスケットボールやサッカー、野球、テニスなど、相手との駆け引きがあり、常に何が起こるかわからない競技性をしている選手が育ちやすい思考だと考えています。

解から逆算して、自ら過程の数字を決めていく考え方。こちらは自分で道を作り、決断するという意味で「クリエイティブ思考」と呼んでいます。

慣れ親しんだ算数の数字や記号ですが、問題の出し方によって、普段使っていない脳が刺激され、楽しみながら問題解決思考が育ちます。


慣れない環境や予測不可能な相手に合わせ、臨機応変に対処していくためには、自分で答えへの道を作り出す「クリエイティブ思考」が、必要だと感じます。

クリエイティブ思考はスポーツのみならず、社会に出ても必要な思考なのではないでしょうか。

「アンサー思考」「クリエイティブ思考」どちらが良いというわけではありません。どちらの思考も自分の引き出しとして持っておく必要があります。言われたことをきちんと遂行する力と、自分で判断していく力。両方の思考を鍛え、答えの出し方のレパートリーを増やしておくと、壁にぶつかったときに迷わずクリアできる自信に繋がると感じています。

自分のプレーに自信が持てないとき

思い切って調子に乗り「できているんだ」と自分を認める

柔道をしている中学2年生のマサルくんは生真面目な性格です。彼はしっかりと自分を見つめ、レベルアップしていくための課題も見つけられる。

試合のことを聞くと、修正点を的確に出して、次に取り組むべきことまでまとめていました。きちんと分析し、課題を話してくれるその様子は一見悩んでいるように見えませんでした。そんな彼は、

「自分の戦いに自信が持てない」

と、話してくれました。

マサルくんのお父さんもマサルくんに似て生真面目な性格だそうです。

「向上するには調子に乗ってはダメだ。常に課題を見つけることが重要なんだよ」と、お父さんがアドバイスをしてくれていたようです。

その影響からか、マサルくんは試合を振り返るときに「できたこと」よりも、「できなかったこと」に目が行きがちになる癖がありました。

良い攻めをしたときにもお父さんから常に言われている「調子に乗るな」というキーワードを大切にしているがゆえに、自分のできている技に目が向いていないように感じました。

私は、自信が持てない子への「調子に乗るな」はＮＧワードだと思っています。

自分のできたことも認めることができないからです。

自信は、自分が「できた」と感じれるからこそ作られていきます。

マサルくんが自信を積み重ねることができなかった理由は、「自分を認める」と言う考え方ができなかったからでした。

そこでマサルくんにこう声をかけました。

「思い切って調子に乗ろうよ！」

「大丈夫かな……」

と不安に駆られつつも、彼はトライしてくれました。

私が過去にサポートさせてもらったラグビーチームのニュージーランド代表の選手は、試合を終えた後のふり返りが印象的でした。９つ反省点があり、１つしか良いところがなかったとしても、その１つを見落とすことなく、認めていたからです。もちろん９つの課題は受け入れますが、１つであっても「できたことはできた」と認める姿勢に自信を構築できている人と、そうでない人の考え方の違いを感じました。

１ヶ月後に会ったマサルくんはいきいきと試合の様子を語ってくれました。

「俺こんな投げ技ができたんですよ！」

落ち着いて淡々と話していた１ヶ月前とは別人のようでした。

足元を見つめ、課題を出し続けることはレベルアップには確かに必要です。

しかし、**課題ばかりに目が向き、良い部分から目をそらす傾向のある日本人はもっと自分を認めて良いのだと感じます。**

自信を失っている子どもには小さなことでも思い切って「できているんだ」と自分を認めてもらうことも必要です。調子に乗ることも自己肯定感を育てる一つの方法になると感じています。

人前が苦手で恥ずかしいとき

他人からの評価に左右されない芯の強い自分を作る

フィギュアスケートをしている小学6年生のアキラくんは恥ずかしがりや。そのきっかけとなったのが、クラスの発表で失敗してしまい、みんなに笑われた経験をしたことでした。それ以来、人前に出ると頭の中が真っ白になってしまうようです。

彼は恥ずかしさから逃げるように人前には出なくなっていきました。

「フィギュアは人に評価されるスポーツ。恥ずかしがりやのままでは試合での失敗も目に見えている」

彼のお母さんはこのままではダメだと感じ、私のもとに相談しに来てくれました。

彼とお母さんに取り組んでもらったのは、人前に出るときに自分に求めるハードルを下げることでした。恥ずかしくても「上手くいった！」という経験を積んでいかなければ、苦手は克服できません。彼の恥ずかしさ対策として、まずは「一日一回、授業中に手をあげる」というところからチャレンジしてもらいました。それをクリアするごとに、少しずつハードルを上げていきます。

手をあげることが1回、2回、3回と増えていきました。1ヶ月もすればさらに「手をあげて当たったときは、間違っても良いから大きな声で発言する」と、ハードルを少しずつ上げていく作業をしてもらいました。

恥ずかしさ対策を取り組み始めてから1ヶ月後にアキラくんに会うと「まだ恥ずかしいけど、前のように頭の中が真っ白にならなくなってきた。手をあげることはもう全然平気！」

彼の中に恥ずかしくてもできたという肯定感が育っていました。

お母さんにも一緒になって取り組んでもらい、「パーフェクトにできていなくても、約束を守れてクリアできていたらたくさん褒めてあげてください」と、伝えました。昨日のアキラくんより少しでも前進していたら、自信を持ってもらえるように声がけをしてもらいました。2ヶ月後には、人前で話すことにも慣れてきたようです。

その結果、フィギュアスケートをしていても、人に見られることに抵抗がなくなってきたと話してくれました。

スポーツだけではなく、学校生活の中にも克服し、成長できる場があるということです。

恥ずかしがり屋こそ、
「恥ずかしい中での成功体験を積む」

ことが、苦手意識の書き換えには必要です。この経験は、他人からの評価に左右されない芯の強い自分を作っていくのに大きな助けになってくれるでしょう。

恥ずかしさを克服するためには、身近にある評価にさらされる体験をサポートしてあげることが、効果的だと感じています。

ノートの記入例

2021年2月17日

目標　「恥ずかしがり屋を直したい」

	現状
2月17日（水）	恥ずかしくて、人前で話すのが嫌だ。 人前に出ると頭の中が真っ白になってしまう

日付	チャレンジ	クリア
2月17日（水）	一日1回授業中に手をあげる	3月12日（金） 手を上げることができた

2月22日（月）	手をあげて当たったときは間違っても発言する	4月13日（水） 恥ずかしいけど、前のように頭の中が真っ白にならなくなってきた。手をあげることはもう全然平気。お母さんに褒められてうれしかった

第3章
モチベーションは育てるもの

子どもが夢を持てなくて困っているとき

感情が動く瞬間を作り夢を見つけるきっかけに

「子どもが夢を持てなくて……」

そんな悩みを持っている保護者の方から、よく相談を受けます。

私がサポートするジュニア育成の現場でも、夢が見つからず困っている子が多いと感じています。

何かに夢中になるには「自分にはこんな才能があるんだ」と、気づくきっかけが必要です。私たち大人にできることは、その環境作りでしょう。

私が過去にサポートした小学6年生のナギサさんは剣道を習っていました。

学校で将来の夢を考える授業があった日、彼女は元気なく帰宅してきたようです。

それは自分の夢を描けなかったからです。

「大人になってやりたいことが見つからない」

と、打ち明けてくれた彼女。私はこう提案しました。

「今興味あることを書き出してみよう。やったことがあること、ないこと、経験に関係なく興味があるものを書き出してみよう！」

剣道に熱心な彼女は、遊ぶ時間よりも練習を優先していました。自分の遊びたいという気持ちを我慢し、剣道に打ち込み、感情に蓋をしていたのです。私は彼女に、

「剣道の時間以外は、書き出したことをチャレンジする時間にしよう。たくさん楽しんでみてね」

と伝えました。


3週間後、彼女はお菓子作りに熱中していました。とても活き活きとした表情で話していたのが印象的でした。

私は普段サポートするときに、この人にはどんな隠れた才能があるのかを見つけようと心がけています。

将来の夢は、多くの体験を通じて、形を変えていくものだと思います。夢を持つべー

スには、必ず感情が揺さぶられる瞬間が隠れているのです。

「ワールドベースボールクラシックの日本代表を見て、プロ野球選手になりたい！」

「オリンピックの体操でメダルを獲ったのを見て、体操選手になりたい！」

「ゴルフの海外ツアーで日本人選手の優勝を見て、ゴルファーになりたい！」


ワクワクがくすぐられるタイミングが、夢につながる時間です。

「すごいなあ」と思う瞬間、「かっこいいなあ」と思う瞬間、感情が動いた瞬間こそ、子どもたちが夢を見つけるきっかけになるのだと思います。


私たち大人はスポーツでも、それ以外のことでも、**たくさんの経験をプレゼントしてあげることが、子どもにとっての夢探しの場になるのだと考えています。**

今回はお菓子作りと言うナギサさんの事例でしたが、スポーツに置き換えても同様なことが言えると思います。

一流選手の試合をテレビで見てみたり、テレビだけではなく実際に試合や練習を見に行ってみたり、他の競技をチャレンジしてみたり、**様々な体験を通して、子どもた**

ちの感情を突き動かす瞬間を作ってあげましょう。それが夢のきっかけとなり、モチベーションを育てる栄養になると考えています。

目標をすぐに諦めてしまうとき

「願望や欲求」を明確化して、目標設定につなげる

私は幼児からトップアスリートまで様々な年代の方々をメンタルサポートしています。特に小学生から高校生の年代のお子さんを持つ保護者の皆さんから、

「目標を立てるけれども、その気持ちが長続きしない」

「うまくいかないと、目標をすぐに諦めてしまう」

そんな声を多くいただきます。

本人に合った目標とは、一体どうやって決めていけば良いのか？

どんな目標設定が自分に合っているのか？

今回はそんな目標とやる気の関連性を考えていきます。

私が目標設定をするときに、すごく大切な要素だと思っているのが、「願望や欲求」

です。「～したい」という気持ちが、目標設定のヒントになるからです。

しかし、不思議なことに自分の求めていることなのに、自分では気づいていないことがあります。

私は選手に「なんでその目標を立てたか？」という質問をよくします。選手たちは、目標達成することによって、何が自分のメリットになるか気づいていないことがあるのです。

人は不足感があるものに対して、

「持っていないから欲しい」

と、欲求が出るものです。

例えば、お腹が空いている（不足感）から「ご飯が食べたい」という欲求が出てきます。満腹感があれば、「ご飯を食べたい」という欲求も出てきません。

不足感が強いものほど、叶えたいという気持ちも強くなると言うことができます。

「願望や欲求」を明確化するためのオススメの質問を一つ紹介しましょう。

「動物に生まれ変わるとしたら何になりたいですか？」

これは、ジュニア年代のサポートを始めるときによく投げかける質問です。

一見、スポーツとは見当違いに思われがちですが、これは自分自身が何を求めているのかを表面化する質問です。

「ライオンになりたい」と言うテニス選手がいました。理由は、「動物の王様で一番強そうだから」と。

「一番強い」という部分に欲求を持っていることを表します。さらに彼は、「強くて、たてがみがかっこいいのが、他の動物には無くて良い」と、他とは違う存在になりたいという欲求が明確化されます。

ある野球選手は、「何も考えずゆっくりしたいから、ナマケモノ」という選手もいました。その選手の目標は「将来怠けて暮らせるほど稼ぐ」というふうに設定できました。

欲求が明確になると、どんな自分を作っていけば良いかが見えてきます。

・そのためにどんな技術をつけたらいいか？
・どんな結果が必要なのか？
・どんなチームに入っていくべきか？

という、目標を具体的に設定することができます。

このように欲求を明確化して、自分の求めているものを理解すると目標が立てやすくなるでしょう。

感情がついてこない目標ほど長続きしない可能性が高くなります。欲求と目標をつなげて考えてみてください。きっとお子さんに合った目標設定ができるはずです。

辛いことに心が折れそうなとき

やる気を育てるには「自分が何を得られるか」と「人に何を与えられるか」

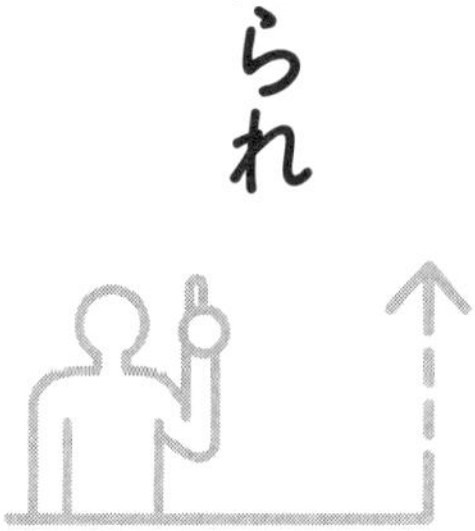

2021年は延期となった東京オリンピックが開催予定です。世界的なビッグイベントが日本で行われることは、子どもたちにとって、かけがえのない経験となり、記憶に残るでしょう。

私が子どもの頃にJリーグが開幕し、世界的スーパースターたちが華々しいプレーを見せてくれました。そのプレーから大きな影響を受けて夢を持つことができました。

私自身、少年時代に持った夢は「サッカーで有名になって、お金をたくさん稼ぎたい」でした。それが大きなモチベーションを作る要因となっていました。

しかし、プレーがうまくできなくなると、人の目や評価ばかりが気になりはじめました。

有名になりたいという気持ちが強い分、人と自分を比べてしまい、うまくいってい
る友達に敏感になっていったのです。

友達にねたみを持ち、そして「自分には向いていないのではないか」と自己否定を
する。ミスをするたびに大きく落ち込み、折れやすいメンタリティになっていました。

やる気を保つためには、夢の設定にポイントがあります。

自分が夢を叶えることによって**「周りの人にどんな影響を与えられるのか」という
視点を持つことです。**

夢を叶え「自分が得られるもの」を考えることは、一つのモチベーションになるの
は間違いありません。

それだけではなく「周りの人に影響を与える」という視点も、モチベーションを保
つ要素になります。

人に対して何かを与えようと考えられる人は、「幸せな時間を過ごせている」とい
う心理学の研究結果もあるほどです。

例えば、私がサポートする陸上選手で、大学生のスグルくんは、

「家族、応援してくれている人、今まで自分に陸上を教えてくれた指導者に対して、喜んでもらいたい。その人たちのためにも結果を出したい」

そんな強い気持ちが、自分を支える柱になっていると話してくれました。

「自分のために競技を頑張るというよりは、みんなを笑顔にするためのほうが、モチベーションが高まります」

彼は、人のために頑張るという軸を持っていたことで、苦しい状況に追い込まれたときでも「今自分がどうあるべきか?」と、常に気持ちを切り替えて競技と向き合うことができていました。

他人の成功や環境に左右されないモチベーションを作れていたのです。

スグルくんは大きな壁を何度も乗り越え、毎年1月に行われる箱根駅伝で活躍し、長年の夢を叶えました。

親御さんが涙を流して喜んでくれたことを、嬉しそうに話してくれた姿は私にとっても感動的な瞬間で、大切な時間になりました。

2021年の東京オリンピックを見て、多くの子どもたちが夢を持つきっかけになるでしょう。子どもの目標設定をサポートするとき、その夢を叶えた先に「どんなことを与えられる人になるか」という視点を頭の片隅に置きながらコミュニケーションを取ってもらいたいと思います。

辛いことやきつい思いをしているときに、「自分のために」と「人のために」。この2つの視点が心の支えとなってくれるでしょう。

練習が嫌いで行きたくないとき

キャラクター設定で「やりたくない」を乗り越える

「地味な練習も大切だよ」

いつも子どもにそう伝えていますが、うまく伝わらず困った様子のお母さんが相談に訪れました。

「試合は楽しそうに頑張っているのですが、練習が嫌いみたいで、いつも行きたくないと言うんです」

お母さんの悩みの種は小学4年生のユウキくん。4月から野球チームに入りましたが、なかなか練習に前向きになってくれません。

「楽しくないことはやりたくない」

というユウキくんに詳しく話を聞くと、自分でも練習が大切なのはわかっているけれど気持ちがついてこない様子でした。

そこで私は好きな漫画を聞きました。

「たくさんあるよ！」

とユウキくん。その中から自分に似た境遇のキャラクターをピックアップしてもらい、そのキャラが苦手なことだろうが克服する様子を話してもらいました。

「ユウキくんが、そのキャラクターになってみようか！」

そう問い掛けると、彼はキョトンとした顔でこちらを見て笑い出しました。

キャラクターになった気分で練習に向かい、苦手を克服する様を自分に重ねてもらったのです。

人間は、「取り組んだ先にどれだけワクワクすることが待っているのか？」というプラスの感情をイメージすることができたときに、やる気が増します。

ユウキくんは苦手を克服し、成功するキャラクターに自分の姿を重ねることで、成功する未来への期待が膨らみました。

「自分が漫画のキャラになったつもりで練習しているよ」

彼は結果的につまらないと感じる練習も、積極的に取り組めるようになり、メキメキと実力を伸ばしていきました。

目の前の練習に前向きになれない子は少なくないでしょう。そんなときは、行動に意識を向けて、少しずつ達成感を味わっていくことがモチベーションを伸ばす一つの方法です。

もう一つ私のオススメは、漫画や映画、また目標とする選手を見て、成功するイメージをしてもらうことです。

キャラクターに自分を重ねる仕掛けをしてみるのも、モチベーションを育てるサポートになるでしょう。

モチベーションが高まらないとき

行動先行型の思考に切り替えて後からやる気をついてこさせる

高校1年生のケンくんは、陸上の試合が近くなると、燃えるようにやる気が沸いて、集中して練習ができます。しかし、試合がない時期は練習へのやる気が極端に低下してしまいます。

「半年先のレースに向けて燃えるような気持ちで日々を充実させて過ごしたい」

彼は常に燃えるようなモチベーションで過ごしたいと、毎日自分の気持ちを無理やり奮い立たせていました。

「半年先までその高いモチベーションを維持できそう？」

彼に聞くと。

「このまま続けたら疲れてしまうかもしれないです」

と、答えてくれました。

そこで、ケンくんには「モチベーションを徐々に育てていく」という考え方を持ってもらうようにしました。自発的にやる気を育てていく方法です。

その鍵となるのが「達成感」です。

達成感を得ると、脳は快楽状態になり、「また次の目標を達成したい」という、欲求が生まれやすくなります。

そのため、日々の目標をクリアし続けるプロセスを踏んでもらいました。

試合で結果が出たときのような、大きな達成感はありませんが、小さな達成感を大切にするのがポイントです。

最初はモチベーションが50パーセントほどだったとしても、積み重ねた実績を意識できれば、ここまでやって来れたんだと、モチベーションが徐々に上がってくれるでしょう。

身近に大会があるときは

・モチベーション↓行動

という順で自然とモチベーションが高まり、練習に備えることが多いと思います。

しかし、モチベーションが高まらないときは

・行動→モチベーション

という、行動先行型に思考を切り替えるのが得策でしょう。

モチベーションが高いことが良いこととされ、モチベーションが低いことは非難されがちです。しかし、

「モチベーションが低い＝練習の質が下がる」

とは、言い切れません。

やる気が起きないときは、無理矢理「やる気を出せ」と言われても難しいものです。行動先行型の思考にスイッチを切り替えてあげましょう。

「スタートの練習を30回する」

「モモ上げの練習を10分必ず行う」

など**具体的な行動を示してあげて、その競技を細分化し、一つずつクリアしていくことで、結果的にモチベーションが育ちやすくなります。**

「やる気を出しなさい」と言いたくなるときは、行動先行型へスイッチに入れ替えて、小さな達成を一緒に喜んでいきましょう！

ノートの記入例

2020年1月17日

課　題　行動先行型の思考　スイッチノート

	現状
1月17日(金)	半年先のレースに向けて 理想のモチベーションを維持できない

日付	チャレンジ	クリア
1月18日(土)	スタートの練習を30回する	1月18日(土) 35回走って、ようなくイメージしているスタートができた
1月19日(日)	モモ上げの練習を10分必ず行う	1月19日(日) 集中して10分間続けることができた。目標を達成できて、嬉しかった
1月25日(土)	坂道ダッシュ20本	1月25日(土) すごくきつかったけど なんとか20本クリアできた
1月26日(日)	スクワットジャンプ　30回	1月26日(日) 調子が良かったので 50回もできた！　やったー！！

怒られるとすぐにやる気を失ってしまうとき

感情的に伝えるのではなく、納得感を作り成長へとつなげる

中学1年生のタケルくんはバスケットボールに取り組んでいます。彼はその日の気分でやる気が変わり、お母さんはすごく困っていました。

コーチから何も言われないときは、のびのび自由にプレーしていて楽しそう。でも、怒られるとすぐにやる気を失い、パフォーマンスが低下してしまいます。

「指示されるバスケはしたくない！　言われた通りプレーするなんて面白くない！」

タケルくんは自分で考え、自分のプレーをすることが楽しい。そういう価値観を持っていました。

今は物や情報に溢れ、大人のみならず、子どもたちも、ネット上ですぐに答えが見つかる時代です。現代は、自分で考え、答えを導き出す機会が激減していると感じて

います。

そんな中、自由にプレーして間違っていたら、自分で修正するのが楽しいと言うタケルくんは、一見わがままに見えてしまいますが、主体性を持っている選手だということもできます。

私は、彼と成長について話をしました。

スポーツにはルールがあり、チームにはチームで大切にしてるルールがあります。

自分の軸（やりたいこと）と、チームの軸（チームで求められるプレー）は別です。

やりたいことではなくても、求められていることは自分の成長につながるのではないか？

私とタケルくんはコーチから指摘されたプレーに対し、二人で細かく噛み砕いて分析していきました。

「言われていたことの意味がわかったよ。成長につながりそう！」

コーチの意思が理解できたようです。

例えば、**感情的に怒られた場合、子どもたちはその意味を理解せず、ぶつけられた感情だけを受け取ってしまうことが多いと感じます。**

「怒ることで伝わるだろう」ではなく、

「なぜ良くないプレーなのか？」

「なぜこんなプレーを求めているのか？」

私たち大人も、怒る前にこれはなぜ怒らなければいけないのかを、今一度考えてみる必要がありそうです。


大人がきちんと説明し、論破してあげる。課題が明確化すると、納得感が出ます。

そうすることで、厳しい言葉の裏側にある愛情を感じてくれるようになり、やる気を低下させることなく成長へつながる声がけになると感じています。

目的を持った行動ができないとき

夢を実現させるには時間の使い方を整理整頓する

目の前のことに精いっぱいになり、毎日だ性で過ごしていると、時にやる気が起きなくなってしまうことがあります。

「そんな子どもを変えたい！」

と言う、保護者の皆さんにオススメな頭の整理方法をお伝えします。紙とペンを用意してください。

まずはじめに、子どもと将来の夢を書き出してみましょう（夢がまだ見つかっていない子は58ページを参考に）。未来の自分を想像し、どんな自分になりたいか、どんな職業につきたいかなど、幅広く考えてみてください。

「お花屋さん」や「バスケットボール選手」のように職業を書いても良いですし、「優しい人になりたい」「人助けできるような人になりたい」など、内面を書き出しても良いです。

次に、その夢を叶えるための課題を書き出してみましょう。できる限り細かく書くことがポイントです。

バスケットボール選手の場合は、
・ドリブルを左右差がないようにする
・緊張してもいつも通りにプレーをする
・シュート技術を高める
・体を大きくする
など、様々な視点から考えてみてください。

さらにここからが重要です。時間を軸に考えてみましょう。

先ほど夢を叶えるための課題を書き出してもらいましたが、それを次の2つの項目に分けます。
①今すぐに改善するべきこと
②将来に向けて、継続して改善すべきこと

に振り分けてみてましょう。

ここで気をつけたいのは、①の「今すぐに改善するやるべきこと」ばかりに意識が向きやすくなり、②の「将来に向けて、継続して改善すべきこと」の取り組みが後回しになってしまうことです。

子どもたちは変化がなかなか感じれないものに対して、やる気が起きずらく、後回しにしがちです。

「もっと早く取り組んでいれば……」

そんな後悔をしないためにオススメなのが、②の項目を一日のスケジュールの中に入れ込み、習慣化することです。習慣化すると、やる気の浮き沈みに左右されずに、継続した取り組みができるようになるでしょう。

その上で①の「今すぐ、改善するべきこと」も取り組んでいきます。

さらに、限りある時間を有効に使うために、無駄な時間を省く必要があります。

①と②に分けたのにプラスして、次の③のジャンルを追加してください。

③「必要のない時間」

一日の中で、無駄にしている時間も書き出してみましょう。例えば、「必要以上の遊びの時間」「寝る前のなんとなく携帯を見ている時間」など。自分にとって必要のない時間を省いていくことで時間を有意義に使っていけるでしょう。
子どものうちから常に目的意識を持つことで、だ性で動くのではなく、何のために時間を使っているのかという意識が高まっていきます。 この取り組みは、自立が始まる中学生くらいの年代から始めてみることがオススメです。

時間の管理方法をサポートしてあげて、今を充実させていきましょう。

ノートの記入例

2020年2月17日

将来の夢　バスケットボール選手になりたい

	現状
2月17日（月）	学校でバスケクラブに入っていて、 レギュラーポジションで頑張っている

夢を叶えるための課題　①今改善／②継続改善／③必要のない時間

日付	チャレンジ	改善点	クリア
2月18日（火）	・ドリブルを左右差がないようにする	①	クリアできた
	・緊張してもいつも通りにプレーをする	②	
	・シュート技術を高める	①	
	・体を大きくする	②	クリアできた
2月19日（水）	・必要以上の遊びの時間	③	
	・寝る前のなんとなく携帯を見ている時間	③	クリアできた
2月19日（水）	・戦術を理解する	②	
	・3Pシュートを1試合3本決める	①	クリアできた

勉強とスポーツの両立がうまくできないとき

「おうち時間割」で思考を整理し、取り組みの質を高める

ゴルフプレーヤーのアカネさんをサポートしたとき、彼女はちょうど受験生でもありました。

ゴルフが大好きで、毎日スイングの練習やパターの練習をしていましたが、中学3年生になると受験勉強も頑張らないといけません。

両立を目指していましたが、勉強中はゴルフがしたくなり、ゴルフをしていると勉強のことが不安になるという、不安定な心理状態でした。

「このままでは、ゴルフの技術が落ちてしまうのではないか？」

「勉強をもっとやらないといけない」

「受験に受かるのか？」

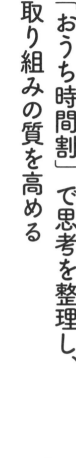

次第に、どちらに対しても不安が大きくなり、集中できる環境作りができていないと感じていたそうです。

そこで私は、彼女と一緒に頭の中を整理整頓することにしました。

その方法は、「おうち時間割」を作ることです。学生なら誰もが学校の時間割に慣れているはずです。

帰宅後も学校と同じように50分（小学生なら45分）間隔で勉強して、5～10分休むというリズムで、勉強時間を計画してもらいました。そして、ゴルフの練習も50分に区切るリズムで統一しました。

学校のように、あらかじめ勉強とゴルフに費やす時間割を計画してもらうのです。

この「おうち時間割」作成の最大の効果は、「今やるべきこと以外の思考を排除できる」ということにあります。慣れ親しんだ時間割で区切りをつけ、今やるべきことに100パーセント意識を集中させる。

「今はゴルフだけ」

「今は勉強だけ」

時間で区切る意識を持つことで、余計な思考をストップすることができるようになっていきます。

さらに、時間割を1コマずつクリアしていくと達成感も味わえて、モチベーションを育てることにもつながります。時間を管理することにも慣れ、自然と自己管理能力も身についていくでしょう。

大切なことが重なり、どちらも集中できず、モチベーションが低下している場合に「おうち時間割」を試してみてください。

時間を管理し、今やるべきことに100パーセント意識を向けることで、使った時間に対する最大限の対価を得ることにつながります。

集中できないときは、今やるべきこと以外を捨てられるような仕掛けを作り、効率の良い取り組みをサポートしましょう。

おうち時間割の例

時間	時間割	月	火	水	木	金
16 時〜	7 時間目	勉強	ゴルフ	ゴルフ	勉強	勉強
17 時〜	8 時間目	勉強	ゴルフ	勉強	ゴルフ	勉強
18 時〜	9 時間目	ゴルフ	勉強	勉強	ゴルフ	ゴルフ

評価してもらえず、落ち込んでいるとき

能力を伸ばす、信頼を積むは別物。2つのステップで評価を得る

先日、ラグビーをしている高校1年生のマサトくんから相談を受けました。

自分では技術が上達していると実感があるのに、監督からは評価してもらえず、落ち込んでいるそうです。

練習熱心でチーム練習のほかにも、自主トレーニングを重ね努力を怠らない頑張り屋なマサトくん。課題である技術の向上にもしっかりと取り組み続けてきました。

しかし、一向にレギュラーチームに入ることができませんでした。

「監督は全く評価してくれない。しっかり見てくれているのかわからない」

諦めムードで話をしていました。

彼と話していて気づいたのは、「能力を上げる」ことと、監督の「信頼を掴む」ということを、同じに考えていたようです。

練習をたくさん重ねれば、能力のバロメータは上がります。

しかし本人は、

「自分が成長を感じていれば、監督も成長を感じてくれているはず」

と、錯覚することがあります。

一人の選手の変化を敏感に掴み取ってくれる監督であれば、選手本人の実感と、監督からの評価が重なることもあるでしょう。

しかし、多くの選手を同時に指導する監督の場合、その変化を感じ取れるのは、その変化が大きかったり、成長を示す機会が何度も重なったときでしょう。

成長に気づいてもらうためには何度も、何度も成長したことを示す必要があります。

それは、監督の中にある信頼のバロメータを上げる作業です。

「能力と信頼」

2つのバロメータを分けて考えると、

①能力を伸ばす

②身につけた能力を示す時間を作る

という2段階のアプローチが求められます。

マサトくんは、能力を高めることができていたので、次のアプローチとして監督からの信頼を得るための取り組みを意識してもらいました。

成長してきた能力をアピールすることにフォーカスして、練習や試合に励みました。

何度も、何度もこの信頼バロメータを上げる取り組みを続けていった結果、

「最近ミスが減ってきた、成長したな」

と、監督が変化に気づいてくれたのです。

自分を成長させたいという気持ちが大きい選手ほど、自分の変化にすごく敏感だと感じます。しかし、客観的視点からは、変化が感じられていない場合もあります。

このギャップが理解できないとき、不満が出たり、やる気を削がれたりするものです。

「能力を伸ばすことと、信頼を積むことは別物」

こんな視点を持てると、評価されていないと言う理由で起こる、モチベーション低下を防ぐことができるでしょう。

他人の評価を上げるには、「主観」と「客観」を分けて考えることが必要なのです。

「これ以上やってもレギュラーにはなれない」と諦めたとき

あえての「ビッグマウス」でモチベーションアップを期待

「どうせ無理だから」

成功率が高いことに対してしか挑戦できなくなってしまい、せっかく夢や目標を持ったとしても、チャレンジする前に諦めてしまうことが多々あると感じます。うまくいかないことへチャレンジする楽しさや、本気で目標へ取り組む充実感を味わう前に諦めてしまうのは残念でなりません。

私がサポートしている小学6年生のトモくんはバスケットボール部に所属していま す。

「これ以上やってもレギュラーにはなれない」

と、部活が嫌になっているようでした。

トモくんのお母さんに事情を聞くと、何事にも冷めた目で見がちで、諦めやすい性格だと話してくれました。

私は、壁を乗り越えられる成功体験があれば、大きく自信とモチベーションは育ってくると感じ、成功体験を作る取り組みをサポートしました。

チャレンジしてもらったのは、家族の前で、口に出して目標達成宣言をすることです。

少し背伸びした目標を、〝必ず達成する〟と宣言してもらったのです。〝達成する〟と口にしたからにはやらなければいけない。自分で行動を起こさざるを得ない状況に追い込んでもらいました。

すると、自らトレーニングに取り組むようになり、部活とは別に、自主トレーニングも始めました。

課題をノートに書き出し、目標達成に向けた練習メニューを組み立て始めました。

これまでは、

「失敗するからやりたくない」

という考えだった彼は、チャレンジを避けていましたが、自分の発言に責任を持ち〝約束〟を果たすべく、気持ちを引き締めて行動に移したのです。

「やりたくないなあ」と感じていることも、宣言することで思考回路が変わり、行動を変えられることがあります。自分から発言したからには責任が生まれます。トモくんはこの責任やプレッシャーを感じたことで、行動を起こすきっかけになったのです。

トッププレーヤーの「ビッグマウス」（大きな目標を宣言して、自分にプレッシャーをかけること）が注目されていますが、その宣言には「言ったからにはやる」というプラスのモチベーションアップ効果が期待できるのです。

私は子どものサポートをする際、大人になるまでに、「壁にぶつかっても、乗り越えられる自信を構築する」ことを重視しています。この自信があれば、「無理だな」と感じたとしても、「自分なら打破できるかもしれない」というように可能性を広げることができます。

そのためには、まずスタートラインに立つこと。つまり行動を起こそうと考えないと、自信も育てることができません。

特にプレッシャーがないと、行動ができない人には「目標達成宣言」をして、自分にプレッシャーをかけ、言ったからにはやりきる。そんなスタートの仕方もありだと思います。

ぜひ家族皆さんで、それぞれが口に出して、宣言してみてはいかがでしょうか。

自分の性格が原因でやる気が保てないとき

パーソナリティに隠れている才能を開花させる

ここまで「子どものモチベーション」をテーマに方法論をつづってきましたが、今回は視点を変えて子どもの性格から、モチベーションにアプローチする方法をご紹介していきます。

私がサポートしたシオリさんはバレーボールクラブに通う小学5年生。人よりも行動のリズムが遅く、プレー面も、生活面でも、チームの子に置いていかれてしまうことが度々起こっていました。彼女はそんな自分を嫌っていました。バレーボールは好きだけど、友達のペースに合わせるのが大変だから辞めたい。彼女は自分の性格が原因で、やる気を保てなくなっていました。

私はシオリさんの性格を変えるのではなく、性格の捉え方を転換するような声がけをしました。

「今の性格だったからこそ伸びてきた能力はあるかな？」

自信が持てないとどうしても「自分のダメなところ探し」をしてしまい、モチベーションは下がる一方です。彼女には、**今の性格ゆえの良い面を見るようにしてもらいました。**

彼女に紙に書き出してもらうと、

「何事も丁寧」

「細かいところに気がつく」

「うまくいかないことが、どうしてなのかを考えることができる」

と、いくつもあげてくれました。

彼女はゆっくりと考えながら行動していたのですね。彼女と話していく中で、メリットが次々と見つかりました。自分の性格の良い面を認識した彼女は、行動が遅くてもその分良いところがある。自分を認められるようになっていったのです。

サポートに同席していたお母さんは、

「私がいつもせかしていたので、娘の良さを認識できなくなっていたのかもしれません」

と、普段の言動を振り返ってくれました。

周りの大人に期待されている人と、期待されていない人を比べると、期待されている人のほうが〝成長率が高い〟という心理学の実験結果があります。

身近にいる保護者や指導者は、その子の性格をよく知っているはずです。

シオリさんのお母さんのように、素早く行動するように求めたことによって、伸びてくる能力もあります。何事にも二面性があると考えているので、私は急かすことを否定しているわけではありません。

自分の性格が悪いと認識してしまうと、自分自身を否定することばかりに意識が向き、何をするにも前向きになれなくなってしまいます。

「その人が持つパーソナリティによって、伸びてくる能力が必ずある」

そう認識していくことで、子どもたちのやる気は育てられます。

ぜひ視点の転換を意識してみてください。まだ見ぬ才能が見つかるかもしれません。

私たち大人がこれはマイナスだという性格の見方をするのではなく、この性格によって伸びているプラスの面は何だろうか？　と、柔軟な考え方を持てるかが重要なのではないかと考えています。

私はその人が持っている可能性を見逃がさないようにサポートしています。

ノートの記入例

2020年11月17日

課題　自分の性格の良い面を考えてみよう

	現状
11月17日(火)	人よりも行動のリズムが遅く、プレー面も、生活面でも、チームの子に置いていかれてしまうことがある。そんな自分が嫌だ。

日付	性格により伸びてきた能力	どんなプレーができる
11月17日(火)	・何事も丁寧 ・細かいところに気がつく	・正確なトスで味方につなぐ ・みんなが気づきにくい、スペースをカバーできる

日付	性格により伸びてきた能力	どんなプレーができる
11月22日(日)	・うまくいかないことが、どうしてなのかを考えることができる	・チームがうまくいかないときに客観的に見て考えを提案できる

第4章

感情とうまくつき合う

緊張して試合で活躍できないとき

「緊張」は取り除くのではなく、受け入れるもの

小学生からサッカーを習っていた私は、よくPKのキッカーを務めていました。蹴る直前は、胸の中のドキドキがみんなに聞こえるのではないかと思うほど緊張していました。

「リラックスして、練習どおり蹴れば大丈夫だ」

コーチからよく言われていたこの言葉は少しも効果がなく、PKはことごとく外してしまいました。いつしか清水少年は、緊張していないフリすらできなくなり、体も思うように動かなくなっていきました。

頭の中では「落ち着け!」と、自分に言い聞かせていましたが、それも効果なし。失敗が続きました。そんな経験は大人になっても影響していきます。

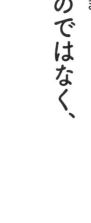

19歳から始めたフットサルでも、小学生のときから変わらないまま。練習では良いプレーができても、試合に出ると緊張して、活躍できないままでした。

自信がつけば力を発揮できると信じ、食事制限や筋トレ、居残り練習など。今できることを必死にたくさん取り組みましたが、試合では上手くプレーができないまま。試合前日は、恐怖心で眠れなくなっていました。

この頃に出会ったのがメンタルトレーナーです。

「キミの課題は、緊張をどのように扱いながらプレーをするか？　という〝メンタル面の技術〟。いくら足元の技術が上がっても課題は解決しない」

私の問題は、今まで気にしたことのない「メンタル面」だったのです。

トレーナーさんと一緒に自分を客観視し始めると、緊張に対しての扱い方が間違っていたことに気づきました。

試合がはじまると、

・緊張を抑えようとすること
・今やるべきプレーを考えること

この二つを同時に行おうとして、プレーに集中できなくなることがパフォーマンスの低下の原因でした。

ここで気づかされたのは「緊張＝失敗」という固定概念です。

これまでは緊張する自分を否定し、落ち着こうと感情を抑えつけていました。

「緊張したときでも、上手く行ったことはある？」

こう質問された私は、緊張したときでも成功体験は何度もありました。先入観により、失敗の印象が大きくなっていたのです。

親やコーチが無意識のうちに「緊張が失敗の原因」と考えてしまい、「まずは緊張を抑えないと」という思考回路が勝手に働いていました。

よく聞く「緊張しないで！」。これが私のブレーキでした。

「緊張しても良いよ。その中で、どんな行動をすれば結果が出るのかを考えよう」

緊張は勝手に出てくるもので仕方のないもの。取り除くのではなく、受け入れることが「緊張」の上手な取り扱い方です。自分が今取るべき行動だけに意識を向ければ、集中できて、パフォーマンスが安定し、緊張が怖くなくなっていきます。

小学生の自分にときを戻せるとしたら、

「緊張はするものだ」

と、受け入れてもらい、

「助走を10歩で、狙いは左上。ボールをよく見て、力を強く伝えるんだ」

ＰＫを蹴る前には、そんなメンタルの準備をさせてあげるでしょう。

子どもたちのお手本となる私たち大人が、勝手に生み出してしまった「緊張は失敗の原因」という間違った認識を捨てることが、パフォーマンス発揮の第一歩になると考えています。

プレッシャーに弱くて困っているとき

プレッシャーを感じる場面にどれだけ身を置けるか

「プレッシャーに打ち勝て」とよく言われますが、結果を出したい気持ちが、大きくなればなるほど、大きなプレッシャーを感じるものです。

私がこれまでサポートしてきた選手たちは、数多くのプレッシャーのかかる場面に直面してきました。中には、「プレッシャーがない試合なんてつまらない」というくらい、プレッシャーを楽しんでいる選手もいます。では、プレッシャーに強い選手と、そうではない選手の違いはどこにあるのでしょう？

プレッシャーに強い選手は、元々の性格も影響しているところはありますが、プレッシャーの中でも結果を出してきた「成功体験」の数が多い選手です。

それはビッグタイトルのかかった試合を多く経験することだけではありません。「ここは失敗できない！」という大事な場面で、自分のやろうとしたプレーや演技を成功させるという体験です。

そんな場面は公式戦だけではなく、練習試合でもあるでしょう。

こんな話を保護者の皆さんにすると、

「どうやったらプレッシャーのかかる場面を作れますか？」

と、よく質問されます。

プレッシャーの状態は、様々な場面で作り出すことができますが、ここでブレーキになるのが、私たち大人の欲に対しての認識です。

そのような場面では「欲張らず謙虚に」という言葉がよく使われるでしょう。

確かに、足元を見つめ、自分にあった物を求めることも大切な心得です。

しかし、より高みを目指す気持ちがあるのであれば、すべてのプレーを成功させたいという強い欲求が生まれます。そうすると、試合だけでなく、練習から一つひとつにプレッシャーを感じるようになるのです。

逆に欲求が弱いと、プレッシャーを感じることができません。

「うまくいかなくても仕方ないか。これくらいでいいか」

と、諦めてしまうとプレッシャーは緩んでしまいます。

プレッシャーの中で、いつものようにパフォーマンスを発揮するためには、自らプレッシャーの中にどれだけ身を置けるか。その機会をたくさん作れるかがカギとなるでしょう。そのための仕掛けの一つが「欲」を持つことです。

私がサポートするプレッシャーに強くなりたい子どもたちには、

「今の実力は気にせず、自分のなりたい姿を求めるようにしよう」

と、伝えます。

今の実力の現状を考えてしまうと、

「自分はそんなに上手ではないし……」

と、自分の欲に蓋をすることになります。それはすなわち、プレッシャーを感じなくなることです。

子どもには時間があり、その時間を上手に使えれば、どれだけ成長できるかは誰にもわかりません。無限にあるでしょう。

子どもの欲求にブレーキをかけないことが、プレッシャーに強くなるためには不可

欠です。

　プレッシャーを感じる環境を作る。そして、多くの成功体験を積み、子どもの可能性を広げていってもらいたいと思います。

今の実力はきにせず
自分のなりたい姿を
求めよう！
25Mを
16秒で泳ぐ！

すぐ焦ってミスをしてしまうとき

焦りに強くなるために感覚を言語化する

かつてラグビーチームのメンタルトレーナーを勤めていた私は、ラグビーの奥の深さに驚かされました。

豊富な運動量とコンタクト、それに加え緻密な戦術。すべてにおいて計算されたプレーが多く、考えてプレーしないとチームプレーができません。選手が求められる能力がものすごく高いことを知りました。

当時サポートしていたラガーマンの一人は、試合中によく焦ってしまうことに悩んでいました。彼は、試合の中で大切なセットプレーの一つである、ラインアウトのスローイングを担当していました。ラグビーの中では、数少ない相手のコンタクトを受けないプレーです。相手のタックルを受けないのなら、簡単なプレーだろうと言う周囲の認識もあり、ミスがなくて当然のような雰囲気を感じ取っていました。

しかし、話を聞いてみると、実際はかなり難しいプレーだと言います。

彼の一番の悩みは、そのスローイングを一度ミスしてしまうと、頭の中が真っ白になってしまうことです。その後のプレーにも大きく影響して、相手へのタックルや攻撃のプレーにもミスが起きやすくなってしまうようです。

「焦らないようになりたい！」

彼は私に言いましたが、感情は突発的に湧き出るもので、抑えられるものではありません。彼と話して伝えたのは、

「焦りを抑えるのではなく、焦ってもパフォーマンスを下げないための自分になる」

焦ったときに、頭の中でどんなことが起こっているのか、それを細かく分析して、準備をしておくのです。
①ミスをする
②焦る
③周りの評価が気になり始める
④頭が真っ白になる
⑤またミスが増える

⑥さらに焦る

こんな悪循環に陥っていました。

私は焦りのスイッチが入ったときの行動を変え、新しい習慣を身につけてもらう取り組みを提案しました。具体的には、

①焦る

②評価が気になる

③ステップを細かく踏んで、相手の腰をよく見てタックルする

普段意識しなくても感覚的にできていることを、あらかじめ整理し、焦ったときに強く意識してもらうことにしたのです。

スローインであれば、ミスが起きないように、

①ボールの握り方を確かめる

②足の踏み込む位置を確認する

③投げるときの素振りをしてイメージする

これは自分がいつもプレーするときに自然と行っていることを、あえて意識してもらうということです。いつも通りの動きができれば、ミスが減り、パフォーマンスが

安定します。

さっそく次の試合で、準備していたプランを意識してもらいました。すると、それまでよりも冷静に対処できたようです。

さらに、何試合も焦り対策を続けていくと、焦りは怖くないというメンタリティが作られていきました。

継続した結果、焦ってミスをしても、引きずらないという思考がインストールできたのです。

子どもの指導をする現場で「マイナスの感情が失敗の原因」と言われることがあります。

しかし、それは違います。

マイナスの感情を否定するのではなく、どんな感情のときもパフォーマンスを下げないアプローチが必要です。

焦りに弱い子は、普段当たり前にできているプレーを、細かく分析するお手伝いをしてあげてください。あらかじめ行動が整理されていれば、常に自分の行動にフォーカスできるようになります。

どんな焦りがあっても、対処できるようなメンタリティを作っていくことはスポーツだけではなく、将来どんなことにも役立てられるでしょう。

すぐにイライラしてしまうとき

怒りをエネルギーに変えて自分のやるべき行動に乗せる

「試合になると、相手にすぐイライラしてしまうんです」

中学3年生のリョウくんは、サッカーに対してまじめに取り組むがゆえに、相手の汚いプレーが大嫌いな選手です。

彼は相手に、反則まがいのプレーでディフェンスされるとイライラしてしまい、（絶対にしてはいけませんが）報復行為をすることもしばしば。

リョウくんのお母さんはそこに悩んでいました。

私は相手と争うスポーツの中で、感情的になるのは当然のことだと考えています。

しかし、相手を威嚇《いかく》したり、反則をしたりすると、警告や退場の対象になってしまうこともあります。

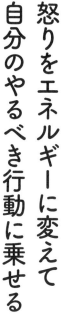

そうならないためには、相手への怒りを「プレーのエネルギーへ変えること」が必要です。

ポイントは怒りが出てきたときの意識の置き所です。カッとなって怒りが出てきたとき、つい人や物に当たることがあります。

しかし、後々冷静になり考えると、

「厳しく当たりすぎてしまった」

「必要ない反則だった」

と、後悔してしまうことも。

怒りに惑わされず、怒りを合図にプレーでやり返す。そんな思考を働かせることが得策です。

リョウくんとは試合前にあらかじめ話をしました。

清　水「イライラしたときの作戦を立てておこう。相手をどう負かせたいかを考えてみよう」

リョウ「相手はうまいけど、自分よりもスピードがないから、スピードを意識してチャンスをたくさん作る。ゴールにつなげられたらスカッとすると思う」

清　水「イライラしたら自分のスピードを生かしてチャンスメイクをするスイッチを入れよう！」

リョウ「イライラを合図にして、スピードのスイッチを入れてみる！」

このような対策の作戦を立てると、彼はイライラしたときのコントロールがすごく上手になりました。

このときに大事なのは、意識をプレー（矢印を自分）に向けること。イライラしたときは、どうしても当たり前のことが頭から消えてしまうものです。

このチャレンジもイライラしたときに、意識の矢印が自分のプレーではなく、相手に向いてしまう癖を改善していくものです。

そもそも怒りと言う感情は、自分の大切なものや大切な価値観を邪魔されそうになったときに出てくる感情と言われています。

リョウくんは、自分が大切にしているフェアープレーとは真逆のプレースタイルで、自分を止めようとすることが許せず、怒りが出てきてしまったのです。

これはスポーツ以外のことでも起こり得るでしょう。

自分の価値観に反した行動には、怒りが込み上げてくるものです。イライラに巻き込まれ自分を見失いがちな子どもたちには、間違った行動を起こさないように準備をしてください。

怒りをエネルギーに変えられる選手は、怒りを自分のやるべき行動に乗せることができる選手だと考えています。

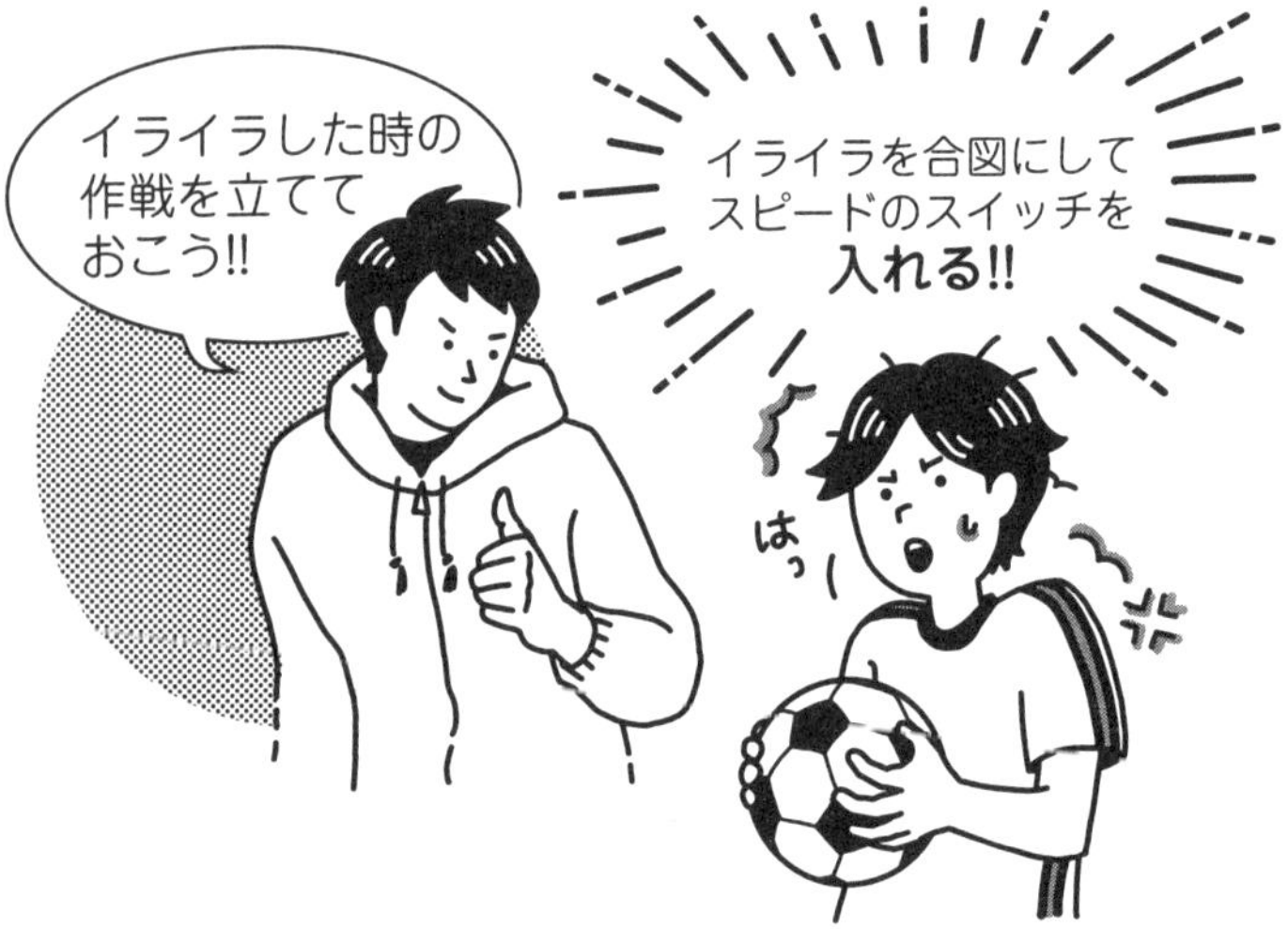
イライラを合図にして
スピードのスイッチを
入れる!!
イライラした時の
作戦を立てて
おこう!!
はっ

第5章

試合で力を発揮する準備

頑張って練習しても、試合で結果が出ないとき

「試合も練習のようにプレーしよう」の声がけは、意外と落とし穴

ある日、テニスを頑張っている娘さんを持つお母さんからメールが届きました。「娘がテニスを頑張って練習しているのですが、試合でなかなか成果が出ません。どうしたら勝てるように、成果が出るようになりますか？」

格上のレベルの相手になると、練習でできていたことがますますできなくなり、自信を失ってしまっているようです。

私がサポートした中学生のアヤさんも同じような悩みを持っていました。彼女は練習熱心で、どんな試合も〝練習のようにプレーしよう〟としていましたですが、そこに落とし穴がありました。

練習の目的は、失敗が許される中で「技術を高るためのトレーニング」をすることです。つまり成功率が低いものを、高めていくのが目的です。

しかし、試合は結果を出すことが目的。持っている能力をうまく使い、成果を出すことが必要です。私はこの能力を「ベストエフォート」と呼びます。

「練習と試合では目的が違うんだ」と気づいたアヤさん。

試合の日は、朝からの過ごし方、対戦する相手、環境。練習と試合では何一つ同じ状況はないと学びました。


日本人は、練習でコツコツと能力を積み上げることに長けていると思っています。

しかし、試合など絶対に結果を出さなければいけないという場面で実力を発揮するという技術は、苦手としている人が多いと感じます。アヤさんはその典型でした。

私は彼女が持つ能力を試合で発揮するため、試合の中で相手に対して何ができるか、試合前にシミュレーションをしていきました。

「強い相手の実力を十分に理解し、今持っている武器で勝つための準備をしよう」

と伝えました。

「相手に勝っているのは体力。練習ではスマッシュの上達に取り組んでいたけれど、そこを武器にしても相手はレシーブもうまいから勝てない」

アヤさんはそう自分で分析し、しっかりボールを拾い、相手の体力を消耗させる作戦が勝利へ一番の近道だと考えました。

〝練習してきた通り〟ではなく、練習で養ってきた武器を使いながら、勝つための方法に徹する作戦です。

試合を積み重ねる内に、どんどん自信を身につけてきました。

自分の武器を使って、どうやって勝つのかシミュレーションすることが、力を出し切るためのマネージメントにつながります。

「練習は自分のイメージでできているのに、なぜ勝てないんだろう？」

そんな悩みが出たときは、レベルアップする能力ではなく、「ベストエフォート」する能力が足りないのかもしれません。

「練習と試合は別物」

子どもたちが、試合で上手に成果を出せる選手になれるように、育成年代からしっかり声がけをしてもらいたいと思います。

仲間に萎縮してしまうとき

コミュニケーションを変えて主体性と信頼を生む

ユイさんは部活動で卓球をしている中学2年生。シングルスとダブルスの試合に出場しています。

シングルスのときは何も気にせず、のびのびとプレーしていますが、ダブルスになると自分が思うようなプレーができず、悩んでいます。

ダブルスを組むのはユイさんより技術がある選手。試合の主導権を握るのはいつもパートナーの方です。

彼女はいつしか、「足を引っ張らないように」と、萎縮してしまい、プレーも消極的になっていきました。

話を聞くと、パートナーの選手に多くのことを任せている状況が見えてきました。改善策をひらめいても伝えず、気がつけば相手のリクエストに答えるばかり。

私は、自分のプレーを出せるように、

「コミニケーションの取り方を変えてみよう」

と、声がけをしました。

私がサポートしてきた、国内トップクラスのチームを指揮する外国人監督たちが共通して指摘する、日本人の弱いところは、

「自分の気持ちを表現できないこと」

だと言います。

アイデアがあるのに、自分のほうが下手だからと自己表現せず、言われるがままにプレーを選択する。

そうすると萎縮するだけでなく、責任感もなくなります。

自ら考えることを止めてしまうため、自分でプレーしている感覚が薄れていってしまうのです。

ユイさんは勇気を振り絞って、コミュニケーションの取り方を変えていきました。息が合わないプレーがあったときに、

「今はこうしたほうが良かったと思う」

と、自分の考えていることを発信するようにしました。

ユイさんは「意見交換を意識すると自分で考えることが増えてきた」と話し、次第に主体性が生まれ試合に対しての責任感も増していきました。その頃から自分のプレーも出せるようになり、試合が楽しくなってきたようです。

パートナーに任せてばかりだったメンタリティは変わり、信頼もされていきました。


「技術がないから」

「経験が浅い」

という理由で、改善策や新しいアイデアを考えることを止めたり、自分を表現しなくなったりしていませんか？

このサイクルは癖になり、大人になってからもコミュニケーションが受け身のままになってしまうこともあります。

一度、我が子のチームメイトとのコミュニケーションに意識を向けてみてください。

コミュニケーションを変えることで、萎縮する子どもも、責任感を持たない子どもを変えていくサポートができるのではないかと思います。

まだうまく自己管理ができないとき

自己管理能力向上に必要なのは「時間」「自分の能力」「今できること」

スポーツをする上で必要な能力の一つに「自己管理能力」があります。

練習や試合で、自分のことを自分で管理していく能力は、様々な場面で臨機応変に対応する力がつき、成長を早めるだけでなく、試合で力を発揮できるようになります。

子どもの頃に、自己管理能力を鍛えるオススメの方法を一つ紹介しましょう。それは、習いごと以外に何かやりたいことを見つけてチャレンジしてみることです。

サポートしている中学2年生のアンナさんは体操教室に通っています。できないことまでできると思ってしまい、ミスが多い選手でした。何をどこまでできるかという把握が苦手で、自分を客観視することができていませんでした。

体操以外は絵を描くのが好きですが、お母さんの助言で、家にいるときは体操のためのストレッチや学校の勉強に時間を割いていました。

そんな彼女に、私から宿題を出しました。

「どんな絵でもいいから、好きな絵を1週間で描いてきてくれますか」

これは学校や体操教室以外の時間を使って、絵を描いてきてほしいというリクエストです。時間をうまく使うためには、考えなくてはいけないポイントがいくつもあります。

・自分の描くスピードはどれぐらいか
・日常生活の中で、空いている時間はどれぐらいあるか
・どんな絵をどの程度描けるのか

これらを自分で考えてもらうのが狙いです。

これこそ「自己管理の基礎」です。自分が持てる限られた時間の中で、できることを把握して行動に移す。能力以上のことはできないからこそ、工夫する思考が生まれるというメリットもあります。

こうした工夫は、スポーツの試合で戦略を立てるのにも生かされます。

残された時間の中で足の速さや技術など自分の持っている武器を使い、どのように試合を攻略するのか。それを考え、工夫する思考が身につくからです。

その中でも特に、**「時間を意識する」ということがおろそかにされがちだと感じます。**試合はもちろんですが、スポーツ選手は選手生命にも制限時間があります。

高校まで部活を続ける人、その先のプロになりたい人。様々な目標がありますが、必ず制限時間があります。これを意識せずに、競技をしている人が多いと感じます。

子どもが時間を有意義に使い、今何をするべきか計画を立てる。そんな自己管理をするための1歩目として、メインにやっているスポーツ以外に、2つ目のやりたいことを同時に挑戦してみてください。

「制限時間」
「自分の能力」
「今できること」

この3つをチェックし、整理していくことで自分を客観視でき、最善の方法を見出すことができます。

こうした自己管理能力の向上を狙ったカリキュラムは多々あると思いますが、体験から学んでもらうことが子どもたちにはオススメです。

自分で方法を導き、チャレンジし、成功体験として記憶に残っていってくれることで自信となり、様々な場面で自分の支えとなってくれるでしょう。終わりまでの時間を考えたうえで、今をどうするべきか考える癖付けをしていってもらいたいと思います。

うまく試合に入り込めないとき

「テンション」を上手に使って試合の流れに乗る

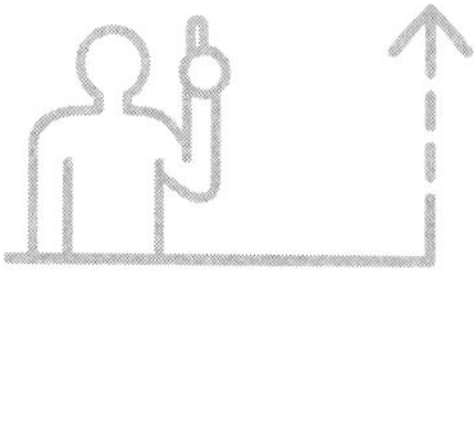

「なかなか試合に入り込めないときがあるんです」

バレーボールをしている中学3年生のアカネさんはスロースターターと言われ、なかなか試合の最初から力を発揮することができずに悩んでいました。お母さんは、

「試合の後半はとても調子が良くなります。あのプレーを最初からできればいいのに」

と、常々感じているそうです。

アカネさんに話を聞くと、

「絶対勝たなければいけない試合だと、最初から気合が入るんだけど、そうじゃない試合はなかなかスタートから気持ちが乗ってこない」

そう話してくれました。

彼女はやる気がみなぎっているときは、良いプレーができているようです。それ以外の試合は、いわゆるスロースターターと言われる状態になってしまいます。人によっては、試合にうまく入れないまま、試合が終わってしまう、なんてこともあります。

解決策の一つの方法として、「テンション」という、やる気を上手に使うことをオススメしました。

テンションというものは一時的にやる気を上げるのにすごく効果的です。

アカネさんには、試合前に「どれだけ自分のテンションを上げられるか」という課題を出しました。それは、無理矢理上げるのではなく、テンションが上がるような仕掛けをしました。

よくプロ選手が、試合前に音楽を聴いたりしている姿を目にしますよね。これはメンタル的には良い効果を及ぼします。自分の好きな曲を聴いてリラックスしたり、試合へのスイッチの入れたりしています。そうすると自然とテンションが上がっていき、やる気を突発的に出すことが可能になります。

アカネさんにはまず、自分がどんなことにテンションが上がるか、スイッチ探しをしてもらいました。彼女の場合は、

・自分のうまくいっているときのプレーの動画を見る
・好きなアーティストの音楽を聴く
・ウォーミングアップで大きな声を出す

そういうことならば、好きなアーティストの音楽を聴きながら試合会場へ向かい、到着して時間があるときは、自分のうまくいっているプレーを見る。そして、ウォーミングアップでは意識していつもより大きな声を出して、自分もチームも盛り上げる。

これを実践してもらいました。

3ヶ月後に会った彼女は、試合の入りは断然良くなり、徐々にスロースタートの試合がなくなったようです。

「自分にあった、試合へのスイッチの入れ方がわかってきました」

満面の笑みで話してくれました。

「テンション」というやる気は、試合でうまく活用できます。

子どもが試合のスタートでなかなか調子が上がらないときは、一つの解決方法として頭の中の引き出しに入れておいてください。

監督の顔色を気にしすぎて、力が発揮できないとき

評価を上げるために、評価されたいという思考を捨てる

4年に1度訪れるスポーツの祭典オリンピックが2021年夏に控えています。この大舞台に立てる選手はほんの一握り。

日本代表選手の選考やレギュラー争いなどで、評価される対象の選手はプレッシャーを感じ、意識が散漫になりやすいものです。

カテゴリーは違えど、小学生から高校生までの育成年代でもコーチに評価されたいという気持ちは一緒だと思います。

どう思われているかということが気になり、プレーに集中できなくなることはよくある話です。

私がサポートした小学6年生のゲンキくんもその一人。野球を習っている彼は、大事な場面でバッターボックスに立つと、監督の顔色を気にしすぎて打てなくなってしまうことが、何度もありました。

ゲンキくんに聞くと、チャンスになると、

「絶対に打てよ！」

という、監督の心の声が聞こえてくるような感覚になる。

「監督がどう思っているか？」

と、頭の中で気になり集中できなくなってしまうようです。

「無駄な思考はゴミ箱に捨てよう！」

私が彼にこんな声がけをしました。

「自分が他人からどう見られているか？　を考えても、どうしようもないこと。評価されたいという思考はゴミ箱へ捨てる！」

そうすれば、自分のプレーに集中しやすくなります。

そもそも評価というのは、見ている人の思考で行うものなので、本人はまったくコントロールできない領域です。気にしてもどうしようもないことなのです。

それからは試合に集中できるようになったゲンキくん。ボールがよく見えるようになり、次第にチャンスでも打てるようになっていきました。

試合中に監督の顔色を伺う子どもに対して、

「評価を気にするな」

といっても、それだけでは意味がありません。

子どもは一度気になり始めたことを、試合の中に修正することは難しいかと思います。ましてや、公式戦やレギュラーが決まる大事な試合などでは、自分に集中することがより難しくなってくるでしょう。

頭の中が評価に巻き込まれてしまわないように、無駄な思考を捨てるための準備が必要なのです。

監督の評価の他に、味方の視線や相手、天気、ピッチコンディション、審判、結果など。考えてもコントロールしきれない領域は、スポーツをしているとたくさんあります。

試合前には自分の支配できる行動や考え方に意識が向くよう、サポートしてあげてください。

考える必要のないことを明確にして、簡単にアドバイスしてあげるだけでも子どもたちのパフォーマンスは安定してくるでしょう。

第6章

振り返りでも自信を作る

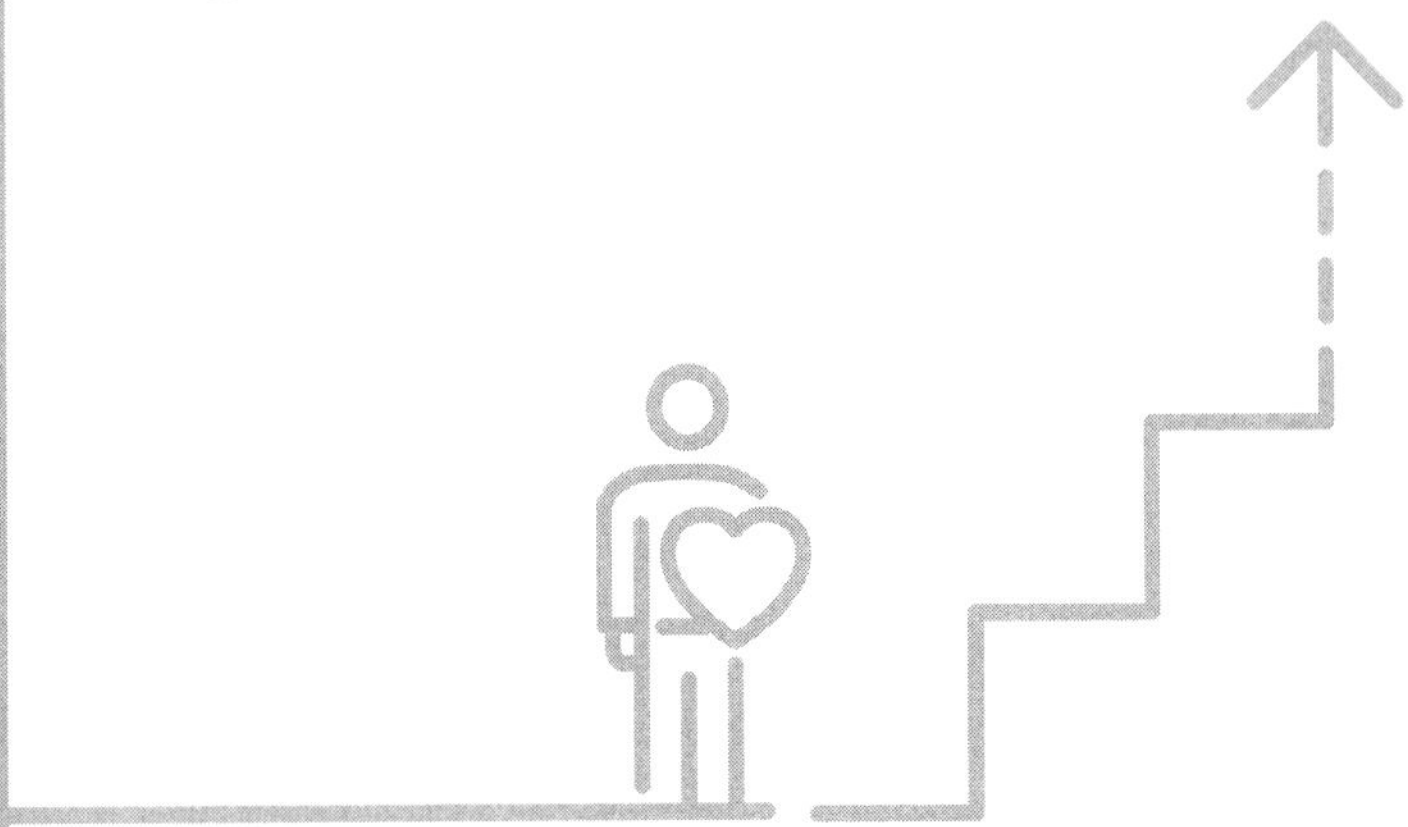

失敗は成長しようとしている証。振り返りで成長の種を見つける

「振り返り」と聞くと、私は後悔していることが一つあります。

高校生のときの私は、満足に試合に出られず、出場できても活躍できないまま試合が終わっていました。

父が見に来てくれたときは、いつも試合を撮影してくれました。しかし、当時の私は自分の理想とかけ離れたプレーを見て、現実を突きつけられて自信を失う恐怖心から、そのビデオを見ることができませんでした。傷つくことから身を守る本能が働いていました。

この恐怖心に負け、振り返りを疎かにしたことが最大の後悔です。

「振り返りなしに、成長はない！」

そんな当たり前のことができなくなっていたのです。

「失敗から逃げるな。逃げたら逃げ癖がつく」

尊敬する先輩が言ってくれた言葉が、振り返りをする大切さを教えてくれました。

試合をしっかり振り返るようになると、試合でできたことに自信を持ち、修正点を練習で直す、そんな好循環が生まれました。

私がメンタルトレーナーとなった今でも、選手の成長をサポートするために振り返りを大切にしています。

それは試合の後の客観視が必要だからです。試合での感覚的な体感よりも、うまくできている部分が見つかり、自信につながることも多々あります。もちろん、修正点を発見することも大事で、それも成長のステップを加速させてくれます。

子どもたちが振り返りをしなくなってしまう大きな原因は、

「失敗することが悪いこと」

という認識にあると感じています。

「チャレンジしているからこそ失敗がある」

と、認識を持って見方を変えると、

「失敗も成長しようとしている証」

だと言えます。捉え方がガラッと変わりました。

また、失敗して落ち込む選手に対して、

「いつまでも落ち込むな」

「次に切り替えろ」

というアドバイスもよく耳にしますが、これもあまりオススメできません。

それは自分のプレーを振り返らずに、次に進んでしまう可能性があるからです。

「振り返りは成長へのチャンス」です。すぐに、切り替えてしまったら、チャンスを逃してしまいます。

子どもたちの可能性を伸ばすためには、保護者の皆さんが一緒に振り返る時間を作り、成長の種を見つけてほしいと思います。

大人の自己開示で子どもの感情に共感する

自分の思い通りにならないと、振り返りをしたくなくなることがあるとつづりました。

それは恋愛で失恋したときと似ているかもしれません。まだ相手のことが気になっている段階で、思い出を振り返るのは辛いものです。しかし、感情を思いっきり出して、泣いた後は悲しい気持ちが消化され、

「スッキリして失恋を過去のものにできた」

なんて経験ありませんか？

子どもたちが試合を振り返るときも一緒です。

まずは試合に対しての自分の感情と向き合う時間が必要です。本人が気持ちを認め

て、試合に対しての感情をうまく消化してからでないと、試合を客観視しずらいものです。プロ選手も同じです。ひどい敗戦の試合は1年経っても見られないという選手も中にはいます。

そこで必要なのは、どんな感情でも吐き出せる環境作りをすることです。日本では、

「ネガティブな感情になることが良くないのではないか？」

という感覚を持っている人が多いため、できるだけポジティブになろうとして、「マイナスな感情を口にしてはいけない」風潮があると感じます。

子どもたちが自分の気持ちに素直になるには、感情に良し悪しをつけないという環境作りが必要です。そこで効果的なのが、大人の自己開示です。例えば、

「父さんも小学生の頃、レギュラーになれなくて辛い経験があったんだ」

「母さんも試合で悔しい思いをして、たくさん落ち込んで泣いたんだよ」

と、子どもの状況に似た過去の経験を見付けて、そのときの気持ちを明かしていくことが効果的です。自己開示は、

「私も経験したことがある、その感情は当たり前のことだよ」

と、子どもの気持ちに共感することになり、感情を吐き出しやすい環境が整います。

くり返しになりますが、私たち大人が「感情を良し悪しで評価するものではない」という認識を持つことが必要です。感情は出来事に対する素直な反応です。

悪いことと言う捉え方をしてしまうと「こんな自分はダメだ」と自己否定する原因にもなり、余計に自信を失いやすくなります。

自己開示はこんな自分でも良いんだというメッセージとなり、感情を消化してもらうための手段となるのです。

お父さんも試合に
出られなくて辛かったんだ
私も負けたとき
よく泣いていたわ
そうなの!?
僕と
一緒だ！

「ドライリフレクション」で客観的に分析

感情を受け入れ、本人がしっかりと試合の振り返りをできる環境が整ったら、次は競技面の振り返りです。

例えば、試合がうまくできなかった印象を持っていると、子どもは反省点ばかりに目が向きがちになります。特定のことを意識すると、関係する情報が集まる「カラーバス効果」と呼ばれるものです。

客観的にプレーを振り返るためにまずは、「できたこと」「できなかったこと」を紙に書き出してみましょう。私はこれを「ドライリフレクション」と呼んでいます。

以前、サッカー少年のサトシくんをサポートしていたときの試合後に感想を聞いいた

ところ、

「うまくいかなかった。パスミスが多かったし、ディフェンスでも失敗してしまった」

と、反省点ばかり。

そこで、サトシくんに「ドライリフレクション」をやってみるように提案しました。

書き終えると、本人も苦笑い。

（うまくできたこと10個）

（できなかったこと6個）

実際、紙に書かれていたのは、なんとうまくできたプレーのほうが多くピックアップされていたのです。まさに「カラーバス効果」です。向上心の高い選手ほど、修正してうまくなりたいという気持ちが強くなり「できていないこと」に目が向きやすいので注意が必要です。

だからこそ、「ドライリフレクション」で冷静になって書き出すことが大事なのです。

第2章（52ページ）でも述べましたが、過去に私がサポートした南アフリカやオーストラリアのラグビーの代表クラスの選手たちは、たとえ9回ミスをしても、1回の成功を認めるメンタリティを持っていました。

「できなかったこと＝修正点」は、練習で補い、できたことは自信にするのが上手でした。彼らは試合を重ねるごとに自信を積み重ね、技術だけでなくメンタルもレベルアップしていきました。

一方、できないことばかり意識してしまう日本の子どもたちは、自己肯定感も低くなり自信喪失につながっているのだと感じます。

レベルアップには、客観的に自分を振り返る目が必要です。**子どものそばにいる保護者は、試合に対して子どもが抱く印象にごまかされないようにしてください。**客観的な視点を失わないために、振り返りの仕方をちょっとだけ工夫してみましょう。自信をつかみ、ステップアップを早められる振り返りができるようになると思います。

「ドライリフレクション」で振り返り、客観的に分析

「カラーバス効果」

試合でうまくいかない

反省点ばかりに目が向く

自己肯定感も低下

自信喪失

「ドライリフレクション効果」

振り返りを書き出す

自分を客観視できる

できていることを認める

自信構築

周りとは絶対に比べないで、個性を尖らせる振り返りをする

一つ気をつけていただきたいのが、子どもが自信を失う原因が、大人との振り返りにある場合もあります。

「〇〇くんはこんなこともできていたのに……」

という言葉は、劣っているところばかりに目を向けさせ、コンプレックスを感じやすくさせてしまいます。

以前、保育園施設を訪ねたとき、集団行動が苦手な子に保育士さんがこんな話をしていました。

「他の子ができているのに、あなたはこんなこともできない人。って思われてしまう

よ」

このメッセージには、「みんなと同じことができて当然。他人の評価を常に気にして行動すべきだ」という意図が込められたような違和感を私は感じました。

良し悪しの基準が「他の人と同じようにできているのか?」というところに、設定されているかのようなしかり方だったからです。

「周りと比べ……」、「普通なら……」という言葉が口癖になっている人は、無意識に平均点を基準にして、良し悪しを判断してしまっているのかもしれません。

できない所を修正することを否定しているのではありません。子どもの持つ個性を尖らせていくことも意識してほしいということです。

チームスポーツであれば、仲間との協調性が大事になることは間違いありません。しかし、「周りと同じ能力を持つことが目的」という認識の声がけをしてしまうと、その子の個性が見つけづらくなり、可能性を見逃してしまうことも起こり得るのではないかと思います。

私は、メンタルサポートしている選手の試合を見るとき、必ず良い部分をピックアップするようにしています。**一緒に振り返りをするときには「本人もわかっているだろう」と思うようなことでも、外から見てよかったと感じたプレーを伝えます。本人が気づいていない部分があるかもしれないためです。**その客観視した感想を伝えることが自信につながっていったケースは数えきれません。

意外と自分のことでも気づいていないことが多いということです。

振り返りをするときは、まずよかったところを具体的に見つけ褒めることをオススメします。

その上で、きちんと修正点にも目を向ける。そんな地道な振り返りを積み重ねることにより、スポーツに必要な基礎能力を高め、本人にしかない個性を育てるサポートができていくのだと感じています。

保護者からのプラスの声がけは間違いなく子どもの自信と、安心感へとつながっていきます。

余談ですがここまで「反省」ではなく、「振り返り」という言葉を使ってきたのもプラスの表現に感じ取れるようにです。

大人の固定概念で縛りつけず、子どもの可能性を信じ続ける

これまで、たくさんのケースをお話させていただきました。皆さんお忙しく、なかなかゆっくりとした時間が作れない毎日ではあると思いますが、子どもたちが自信を持ってチャレンジできるメンタリティを構築していけるように、少しの時間でも子どもに寄り添い、サポートをしてあげてください。

私は、メンタルサポートをする中で、大きな変化をしていく子どもたちをたくさん見てきました。

大人の固定概念で縛りつけず、大きな可能性を信じてあげることが、自己肯定感を育てるには必要なのだと感じています。

この本が自信を失っている子どもたちの助けとなり、スポーツ界に、そして、社会に対して変化をもたらす小さなきっかけとなれたら幸いです。

「自分なんて……」

この言葉を子どもたちの頭の中から消し去り、

「自分ならできる!」

という力強く、希望に満ちた言葉があふれる世の中になるように――。

これからも子どもたち一人ひとり、しっかりと向き合っていきたいと思います。

おわりに

私がメンタルトレーナーとして生きていこうと決めたのは、ある野球選手との出会いがあったからです。

「どうしても活躍したい」

そう話してくれた彼はチームで三番手のキャッチャーでした。練習では良くなっているはずなのに、試合で自分の良さが出せない。鋭く迫力のある眼差しは、活躍したいという気持ちを強く表していました。

彼は自分の能力の発揮の仕方を見つけられていないようでした。能力は持っていても、発揮するための技術が足りない。つまり、「ベストエフォート」ができていませんでした。上手くサポートできれば必ず活躍できる。そう確信を持った私は、彼のサポートに力を入れました。

私自身プレーした経験のない野球という分野を勉強し、キャッチャーの役割を徹底的に学びました。

サポートを継続し、彼は自分を変えるための行動をたくさん起こしていきました。少しずつチャンスを掴み、実績を残していき、レギュラーに定着したのは、どうしても活躍したいと願っていた試合直前でした。大舞台である東京ドームで大活躍する彼の姿を見て、私は自身でプレーする以外の試合で、初めて涙を流しました。

自分が現役時代に試合で感じた喜びと同じくらいの嬉しさがあることに驚いたことを、今でも鮮明に思い出します。

この経験があったからこそ、この道を極めたいという気持ちが強くなりました。

それからこれまで7年間、たくさんの選手をサポートし、多くの感動をさせてもらいました。

選手をサポートする機会をもらえたからこそ、こうして子どもたちの自己肯定感に貢献する活動ができています。

これまで関わらせていただいた全ての選手の皆様へ心の底から感謝を申し上げます。

そして今回この書籍を出版するにあたり、きっかけになったコラムを書かせていただいている山梨日日新聞社の編集担当の清水悠希さん。出版の話を進めてくださった東洋館出版社の吉村洋人さん、構成・カメラマンの松岡健三郎さん、撮影に協力してくださった蒼くん。タイトルや内容の相談をさせていただいたラフォーレ原宿の荒川信雄さん、本当にありがとうございました。

アスリートが活躍して夢を叶え、子どもたちがそれを見て夢を持つ。そんな夢の循環を支える一人でいられるのであれば幸せです。

最後まで読んでくださった皆様、本当にありがとうございました。

子どもたちの可能性を広げ、将来に役立てていることを祈りつつ、ペンを置きます。

清水　利生

[著者略歴]

清水 利生（しみず・としき）

1985年山梨県生まれ。山梨県立韮崎高校卒業。山梨学院大学を中退しプロフットサル選手として29歳までプレー。引退後メンタルトレーナーに転身。スポーツ心理学、大脳生理学を用いてアスリートを中心にサポートし、企業の社員研修講師も務める。現在プロスポーツチームのサポートをはじめ、オリンピック選手やW杯出場選手など日本を代表する選手たちのサポートを行う。これまでに、500人を超える日本のトップアスリートを結果につなげている。ジュニア育成「パンケーキプロジェクト®」では、年間延べ2,000人を超える子どもたちをサポートし自己肯定感を育てる活動を広げる。株式会社43Lab代表取締役。

＜**実績**＞ジュビロ磐田（Jリーグ）、ヤマハファクトリーレーシング（モトクロス）、インドネシアフットサル代表、フウガドールすみだ（Fリーグ）中央大学陸上部駅伝ブロックなど多数。

【株式会社43Lab】
山梨県韮崎市穴山町3380-1
ホームページ　https://43lab.com
Facebook　株式会社43Lab
Instagram　@43lab.43lab.43lab
@toshiki.shimizu.43lab

株式会社43Lab公式HP　　パンケーキプロジェクト®